国学必读系列

千字文与朱子家训

主　编：姗　晓
编　委：刘　涛　刘希利　都书佳

中国華僑出版社

图书在版编目(CIP)数据

千字文与朱子家训 / 姗晓主编. —北京：中国华侨出版社, 2012. 3

ISBN 978-7-5113-0353-0

Ⅰ. ①千… Ⅱ. ①姗… Ⅲ. ①汉语 – 古代 – 启蒙读物

Ⅳ. ①H194.1

中国版本图书馆 CIP 数据核字（2012）第 025434 号

● 千字文与朱子家训

主　　编 / 姗　晓

策　　划 / 刘凤珍

责任编辑 / 宋　玉

装帧设计 / 大燃图艺

版式制作 / 杨　林

责任校对 / 吕　红

经　　销 / 新华书店

开　　本 / 787 × 1092 毫米　1/16　印张 10　字数 127 千字

印　　刷 / 北京高岭印刷有限公司

版　　次 / 2012 年 4 月第 1 版　2012 年 4 月第 1 次印刷

书　　号 / 978-7-5113-0353-0

定　　价 / 19.80元

中国华侨出版社　北京市朝阳区静安里 26 号通成达大厦 3 层　邮编：100028

法律顾问：陈鹰律师事务所　　编辑部：（010）64443056　　64443979

发行部：（010）64443051　　传　真：（010）64439708

网　　址：www.oveaschin.com　　E – mail:oveaschin@sina.com

出版说明

根据读者的需要，我们精心编纂出版了这套《国学必读系列》丛书。该丛书由《三字经》《弟子规》《千字文和朱子家训》《增广贤文》《道德经》以及《孝经》组成。

《三字经》虽篇幅短小，但内容丰富，讲述了一些文化常识、礼仪规范以及勤学故事等，被誉为“袖里通鉴纲目”。《弟子规》则专门讲述学童待人接物、求学立志等方面应遵守的准则和规范。这本书有助于学童正确处理各种人际关系，保持健康心理，并养成良好的学习和生活习惯。《千字文和朱子家训》选自《千字文》和《朱子家训》。《千字文》的句式整齐，韵律自然，讲述了自然现象、生活常识和处世之道。《朱子家训》是明清时期著名学者朱用纯留下的经典治家格言，告诉了我们一些修身治家之道。《增广贤文》是一部谚语集，它的大多数句子来自经史子集、诗词歌赋、喜剧小说、民间俗语以及文人杂记。此书语言平实简单，使人易于领悟文中的思想精髓和人生哲理。《道德经》是老子所著的韵文哲理诗，被誉为“万经之王”。《孝经》以孝为中心，比较集中地阐述了儒家的伦理思想，肯定了“孝”是上天所定的规范，并指出“孝”是诸德之本。这种“孝亲尊师”的积极思想值得人们学习和推广。

本书对原文进行了翻译，对重点词句给予了详细解释，同时还在书中设有“故事链接”，以便读者更好地理解和掌握书中的知识。“国学点睛”和“国学小贴士”多是国学方面经典的常识或哲理小故事。另外，为了培养读者更多的国学兴趣，由当代书画家戴瑞刚老师为我们简述了欣赏书法的心得要领，帮助我们以最快的速度提高书画的鉴赏能力。

这套国学丛书不单单是圣贤名句，也向人们介绍了很多古人关于做人做事的规则和定律，大家可口诵心记，久熏成习，久习成性，在潜移默化中不断提高自身的修养。我们期望能通过它们弘扬中华民族的文化精髓，并代代相传。最后，衷心祝愿这套丛书能够给读者朋友的学习和生活带来帮助和乐趣。

目 录

千字文

朱子家训

原文欣赏

tiān dì xuán huáng　yǔ zhòu hóng huāng
天地玄黄　宇宙洪荒

rì yuè yíng zè　chén xiù liè zhāng
日月盈昃　辰宿列张

注释： 玄：黑色。宇宙：指时间和空间的总体，亦即世界。洪荒：指世界之初的远古时代。盈：月圆。昃：太阳偏西。辰宿：指星宿。列张：排列开来。

译文： 最初苍天是黑色的，大地是黄色的，茫茫宇宙形成于远古时的洪荒年代。太阳东升西落，月亮圆了又缺，星辰依据自然之法则布满天空。

天地玄黄　宇宙洪荒
日月盈昃　辰宿列张

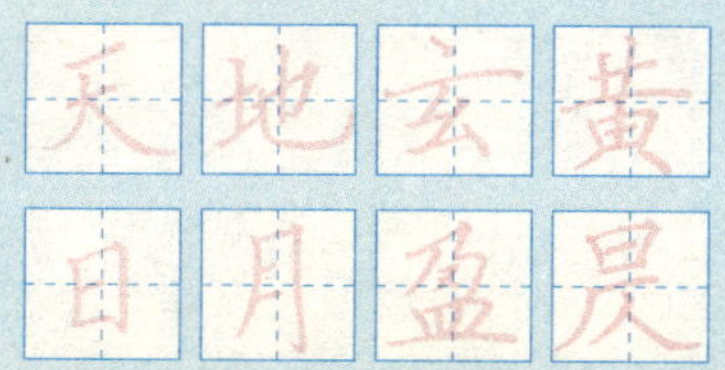

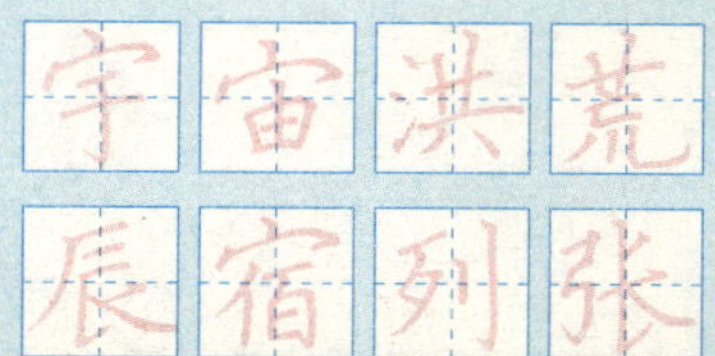

原文欣赏

hán lái shǔ wǎng　　qiū shōu dōng cáng
寒来暑往　秋收冬藏

rùn yú chéng suì　　lǜ lǚ tiáo yáng
闰馀成岁　律吕调阳

注释：藏：储藏。闰：每三年加一月，称“闰月”。有闰月的这一年称“闰年”。律吕:古代音律的总称。

译文：寒暑循环交替，此来彼去；秋季收割庄稼，到了冬天就把粮食储藏起来。把积累数年的闰余并为一个月，放在闰年之中，历法就完整了；古人以六律六吕来与十二个月相配，调节阴阳和谐。

书法练习

寒来暑往　秋收冬藏
闰馀成岁　律吕调阳

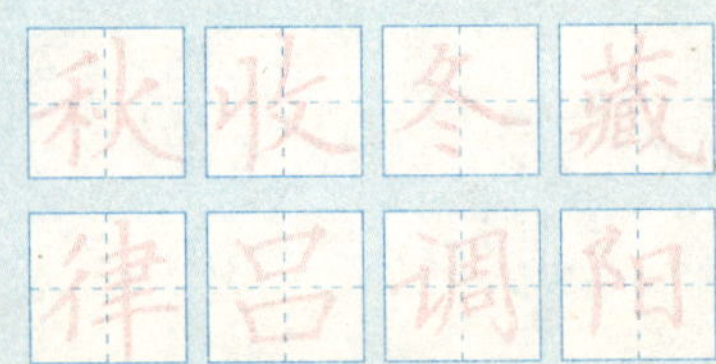

故事链接

孙康刻苦读书

晋代时，有个叫孙康的人，十分喜欢读书。因为家贫没有钱买灯油，晚上不能读书，他觉得这样十分可惜，白白地浪费了光阴。

一天，外面下起了很大的雪，他半夜梦醒，看见一丝亮光从窗缝里钻进来，细看原来是大雪映出来的。于是，他起身借着雪光看起书来。由于他日夜刻苦学习，终于成为一位有名的饱学之士。这就是“孙康映雪”的典故

原文欣赏

yún téng zhì yǔ　lù jié wéi shuāng

云腾致雨　露结为霜

jīn shēng lì shuǐ　yù chū kūn gāng

金生丽水　玉出崑冈

▶ 注释：丽水：指金沙江。崑冈：指昆仑山。

▶ 译文：云气上升到天上，遇冷就形成雨；露水遇寒，很快就会凝结为霜。黄金生于金沙江底，玉石出自昆仑山岗之中。

云腾致雨　　露结为霜

金生丽水　　玉出崑冈

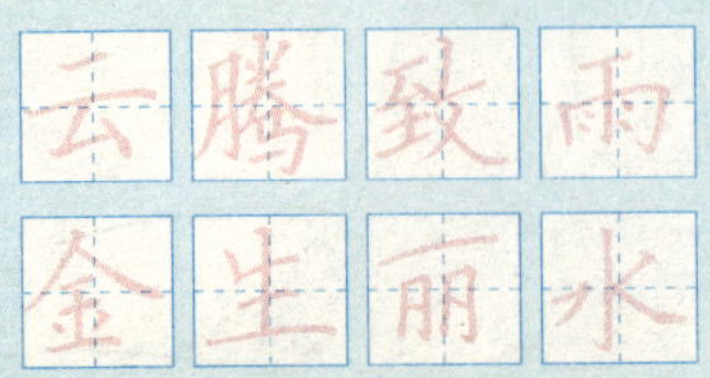

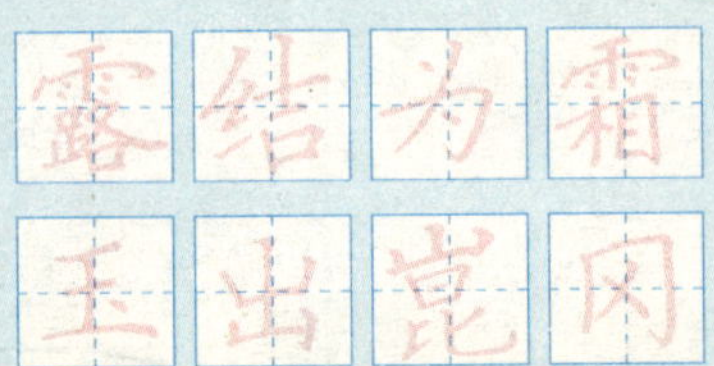

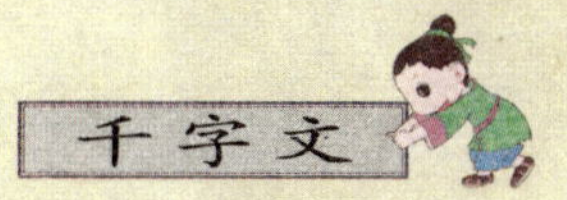

原文欣赏

jiàn hào jù què　zhū chēng yè guāng
剑号巨阙　珠称夜光

guǒ zhēn lǐ nài　cài zhòng jiè jiāng
果珍李柰　菜重芥姜

注释：巨阙：古剑名。柰：苹果的一种，指花红果。芥：指芥菜。

译文：古时候最有名的一把宝剑叫“巨阙”，最贵重的明珠叫“夜光珠”。果子中最珍贵的是李子和花红果，蔬菜中人们最看重的是芥菜和姜。

书法练习

剑号巨阙　珠称夜光
果珍李柰　菜重芥姜

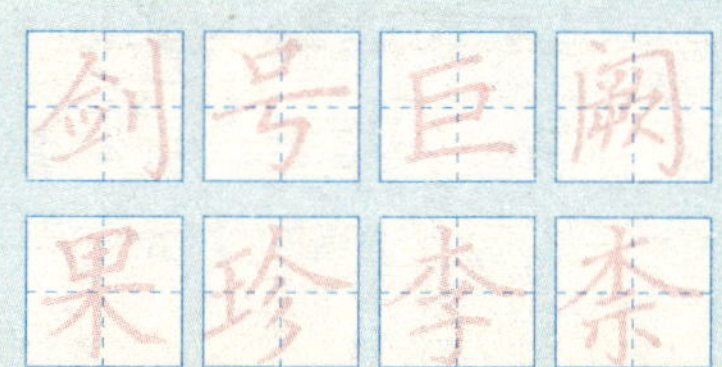

珠称夜光
菜重芥姜

故事链接

刻舟求剑

古时候，有个楚国人坐船过江。船在江中行驶时，他一不小心，将随身的宝剑掉到江中。他马上在剑落下去的船舷上刻了个记号，并自言自语道："剑是从这儿掉下去的。"

船行很久，终于靠岸。他急忙从船上刻着记号的地方跳下水去，寻找宝剑。结果，这个楚人捞了半天，也没捞着他的宝剑。

船已经走了，而剑是不会跟着船走的，这个楚人当然不会找着剑了。

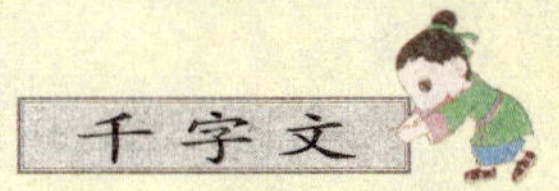

原文欣赏

hǎi xián hé dàn　lín qián yǔ xiáng
海咸河淡　鳞潜羽翔

lóng shī huǒ dì　niǎo guān rén huáng
龙师火帝　鸟官人皇

▶注释：鳞：泛指带鳞的鱼类。翔：飞翔。龙师：相传伏羲氏以龙为百官命名，人称龙师。火帝：相传神农氏以火为百官命名，世称火帝。鸟官：少昊氏以鸟命官，人称鸟官。人皇：上古三皇之一。

▶译文：海水咸，而河水淡。各种鱼类在水中潜游，鸟儿在天空中飞翔。龙师、火帝、鸟官、人皇，这些人都是上古时代的帝王官员。

海咸河淡　鳞潜羽翔
龙师火帝　鸟官人皇

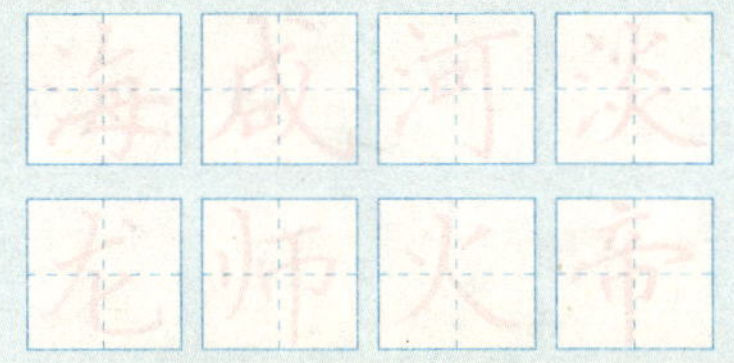

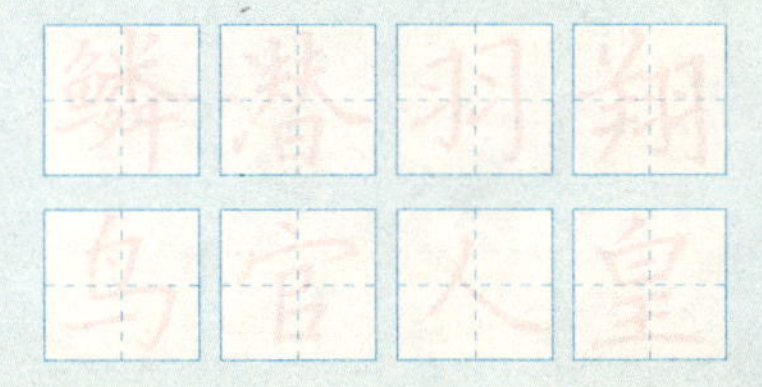

原文欣赏

shǐ zhì wén zì　nǎi fú yī cháng
始制文字　乃服衣裳

tuī wèi ràng guó　yǒu yú táo táng
推位让国　有虞陶唐

▶ 注释：服衣裳：指穿衣服。有虞：指舜帝。陶唐：指尧帝。

▶ 译文：黄帝时，仓颉创制了文字，后来嫘祖又使人们穿起了遮身盖体的衣服。唐尧和虞舜英明无私，主动把君王之位禅让给贤德之人。

书法练习

始制文字　　乃服衣裳
推位让国　　有虞陶唐

始制文字
推位让国

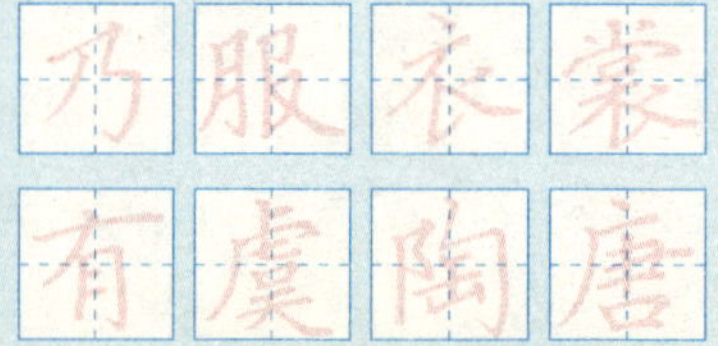

故事链接

仓颉发明了文字

传说文字是黄帝时代最著名的人物“史皇”仓颉发明的。

仓颉长相非常奇异：一张宽大的龙脸上，长了四只精光灼灼的眼睛。他一生下来就喜欢东涂西抹，长大以后，更是喜欢研究自然万象，一边研究一边在手上写写画画。经过长年积累，仓颉发明了一种记录符号——文字。

文字是一项空前的发明，这个发明一出现，天降粟米，鬼魂夜哭，原来老天爷害怕人们有了文字，便不去务农而只去做些雕文作字的事，将来会饿肚子，所以提前下点米以备饥荒，而鬼们则怕被这些文字记录下了罪恶，遭到报应而啼哭。

原文欣赏

diào mín fá zuì　zhōu fā yīn tāng
吊民伐罪　周发殷汤

zuò cháo wèn dào　chuí gǒng píng zhāng
坐朝问道　垂拱平章

注释：吊：指慰问、安抚之意。伐：讨伐。周发：周武王姬发。殷汤：汤灭夏，建立商朝。朝：朝廷。道：指治国之道。垂拱：指恭敬地垂衣拱手行礼。平章：指治国有方，政绩卓著。

译文：安抚百姓，讨伐暴君，是周武王姬发和商君成汤的功绩。古时的贤君身坐于朝廷，与贤德之士探讨治国之道，垂衣拱手向他们请教，使得国富民安。

书法练习

吊民伐罪　周发殷汤
坐朝问道　垂拱平章

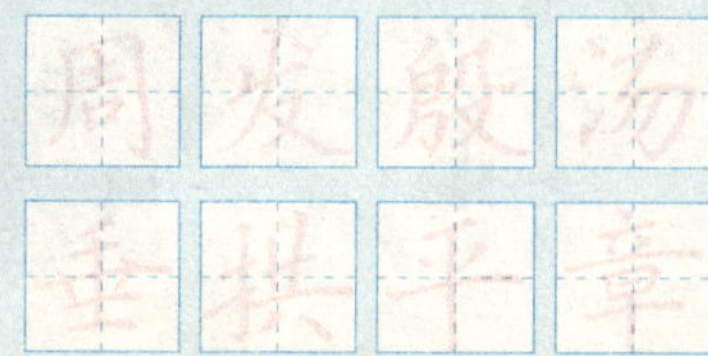

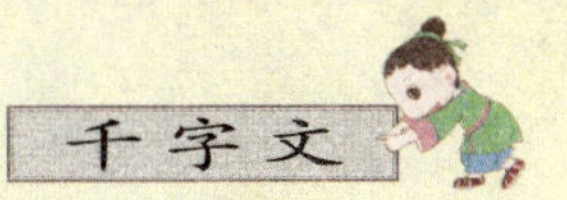

原文欣赏

àiyùlíshǒu chénfúróngqiāng
爱育黎首 臣伏戎羌

xiáěryītǐ shuàibīnguīwáng
遐迩一体 率宾归王

注释：黎首：指百姓。戎羌：戎族和羌族，这里泛指各族民众。遐迩：远近。率宾：即率滨，四海之内的意思。出自《诗经》：“普天之下，莫非王土；率土之滨，莫非王臣。”

译文：（他们）爱戴、体恤老百姓，使得四方各族的人也都归顺了。全国上下融为一体，都纷纷表示臣服。

爱育黎首 臣伏戎羌

遐迩一体 率宾归王

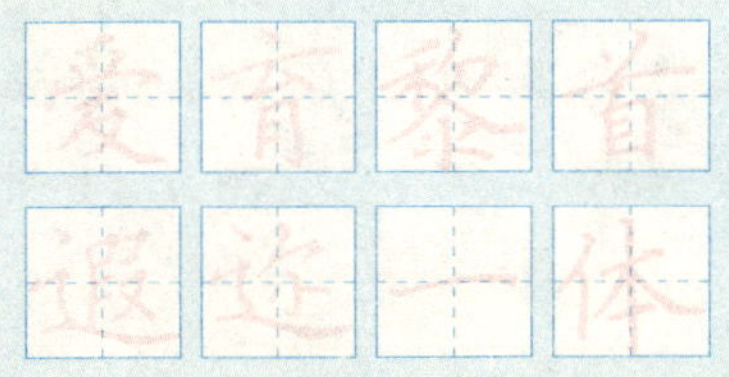

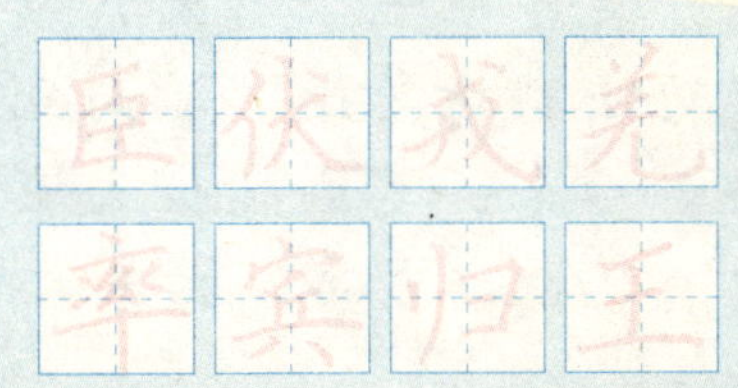

故事链接

姜太公直钩钓“龙”

姜太公又名姜尚，是灭商朝的最大功臣之一。姜尚在没有当官之前，隐居在陕西渭水边一个地方用直钩钓鱼，他希望能用这种方式引起姬昌对自己的注意，并建立功业。一天，有个打柴的老者来到溪边，见姜尚用不放鱼饵的直钩在水面上钓鱼，便对他说：“老先生，你这样钓，一百年也不可能钓到鱼啊!”姜尚举了举钓竿，说：“其实我不是为了钓到鱼，而是为了钓到王与侯!”姜尚这种奇特的钓鱼方法，终于传到了姬昌那里。姬昌知道后，派一名士兵去请他来。姜尚不予理睬，只顾自己钓鱼，并自言自语道：“钓啊，钓啊，鱼儿不上钩，虾儿来胡闹！”姬昌听了士兵的禀报后，改派一名官员去请姜尚。可是姜尚依然不答理，边钓边说：“钓啊，钓啊，大鱼不上钩，小鱼别胡闹!”

姬昌这才意识到，钓鱼者必是位贤才，要我亲自去请才妥当。于是，他吃了三天素饭，洗洗澡换了衣服，带着厚礼，前往溪边去聘请姜尚。姜尚见他诚心诚意来请自己，便答应为他效力。后来，姜尚辅佐文王、武王兴邦立国，灭掉了商朝，实现了自己建功立业的理想!

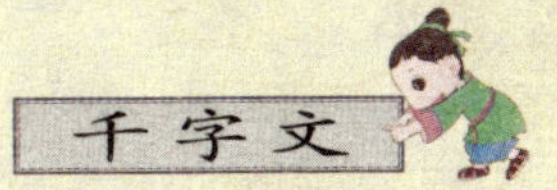

原文欣赏

míng fèng zài zhú　bái jū shí chǎng
鸣凤在竹　白驹食场

huà bèi cǎo mù　lài jí wàn fāng
化被草木　赖及万方

注释：凤：凤凰。驹：小马。化：感化。赖：恩泽。

译文：凤凰在竹林中欢乐地鸣叫，白色的小马驹在草场上觅食，一片祥和的景象。贤德君主的教化覆盖了自然界的一草一木，恩泽遍及天下四方。

书法练习

鸣凤在竹　白驹食场
化被草木　赖及万方

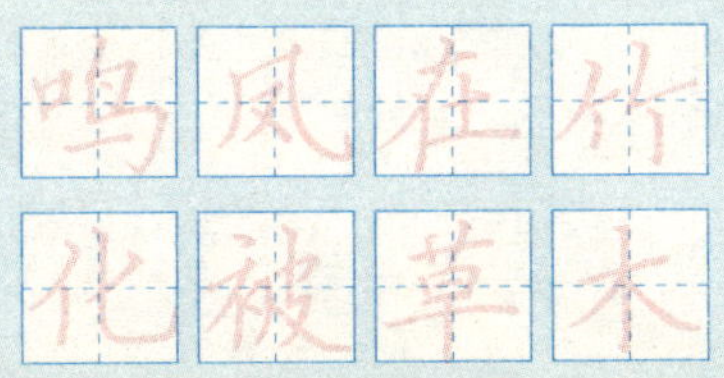

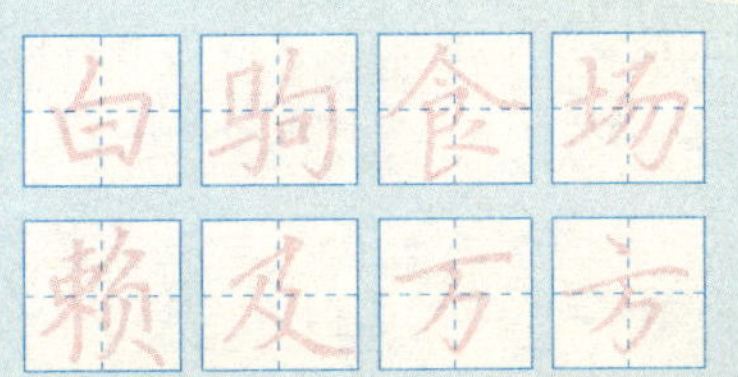

原文欣赏

gài cǐ shēn fà　sì dà wǔ cháng
盖此身发　四大五常

gōng wéi jū yǎng　qǐ gǎn huǐ shāng
恭惟鞠养　岂敢毁伤

▶注释：盖：语气词。四大：指地、水、火、风四种物质。五常：指儒家所提倡的仁、义、礼、智、信五种行为准则。恭惟：指恭敬地思想。鞠养：抚养、养育之意。

▶译文：我们的身体由“四大”构成，而我们的心智、言行则要符合“五常”的准则。谦恭地想到自己的身体为父母所生，自己是父母抚养长大，怎能轻易损伤毁坏它呢？

盖此身发　四大五常
恭惟鞠养　岂敢毁伤

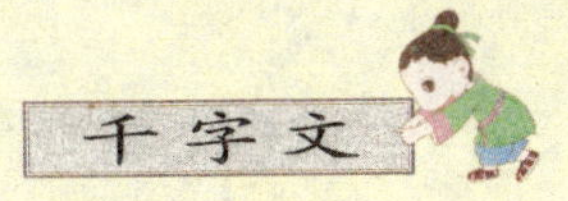

故事链接

毛遂自荐

战国时期，有一个叫毛遂的人，他是赵国平原君门下的食客。毛遂在平原君家里待了三年，一直没有引起人们的注意。

后来，秦国派军队包围了赵国的都城邯郸，赵王派平原君去楚国请救兵。平原君决定在三千门客中挑选二十名文武双全的人一同前去，但只选出十九个，再也挑不出一个人。

这时，毛遂站出来，要求一起去。平原君认为一个有才能的人，好比将一把锥子藏在口袋里，锥子尖儿立即就能看见。而毛遂已待了三年，也没做出什么值得称道的事，应当是一个无能的人。毛遂反驳说："如果您早点把我放进口袋里，肯定早看见锥子尖了。"

平原君答应试试看，带着他一同到楚国去。他们到达楚国，请求楚王发兵，可是从早晨谈到中午，楚王也没有答应。毛遂见时机已到，按剑走到楚王面前，义正词严地声明联合抗秦的重要性，并且威胁楚王说，现在他离楚王只有十步的距离，楚王的性命就掌握在他的手中。

楚王被毛遂的气势以及条理分明的说理折服，终于和赵国订立了盟约。

原文欣赏

nǚ mù zhēn jié nán xiào cái liáng
女慕贞洁 男效才良

zhī guò bì gǎi dé néng mò wàng
知过必改 得能莫忘

注释：慕：思慕、仰慕。效：效法。得能：学得的知识和技能。

译文：女子应思慕那些为人称道的贞妇洁女，以其为榜样。男子则要效法德才兼备的贤人。知道自己有过失，就一定要改正；学得的知识和技能不要遗忘、荒废。

书法练习

女慕贞洁 男效才良
知过必改 得能莫忘

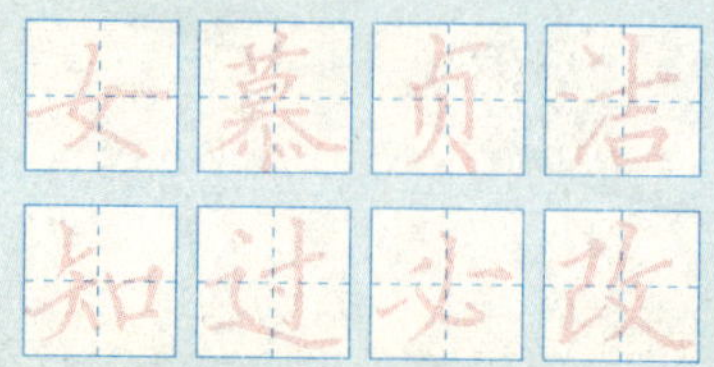

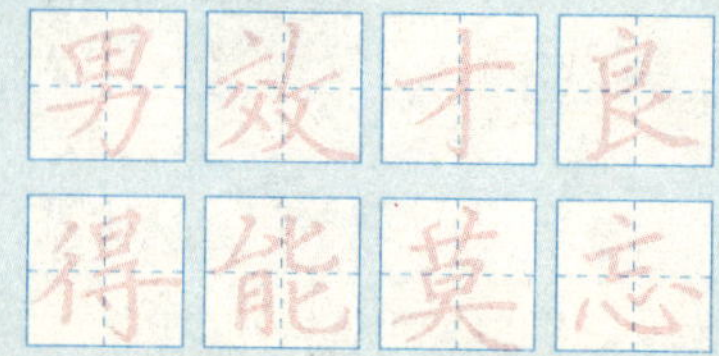

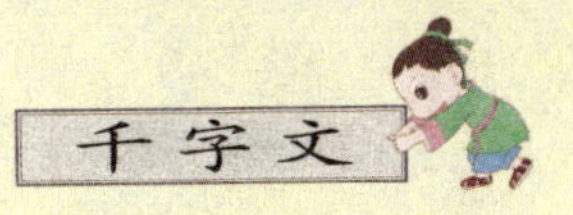

原文欣赏

wǎng tán bǐ duǎn　mǐ shì jǐ cháng

罔谈彼短　靡恃己长

xìn shǐ kě fù　qì yù nán liáng

信使可覆　器欲难量

注释：罔：不要。靡：不可。覆：验证。器欲：胸怀、气量。

译文：不要在背后谈论别人的短处，也不要倚仗自己的长处而骄傲自大。说过的话要兑现，要能经得住时间的考验，胸怀和气量要宽广，使人无法估量。

书法练习

罔谈彼短　靡恃己长

信使可覆　器欲难量

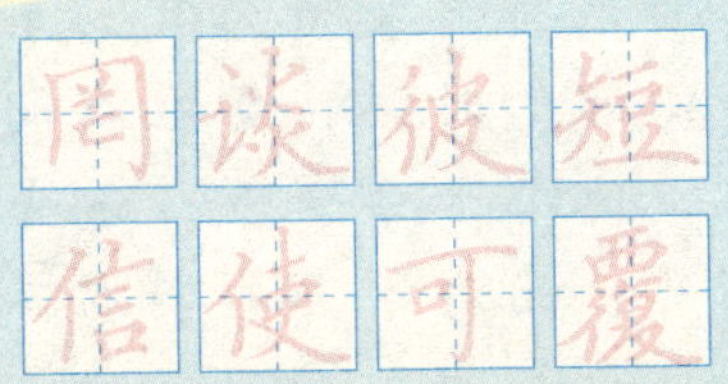

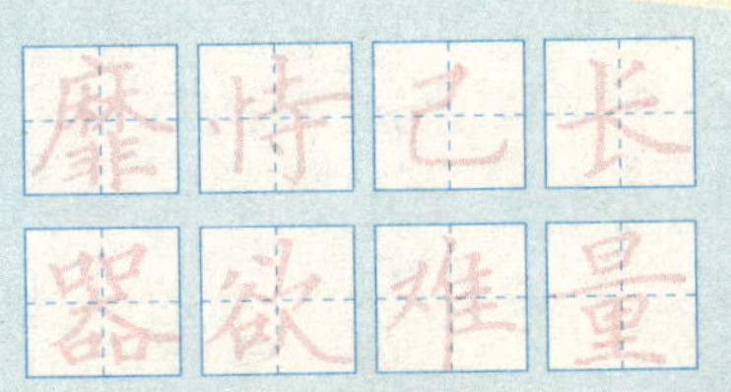

故事链接

以荻画地

欧阳修出身于封建仕宦家庭，他的父亲欧阳观是一个小吏。在欧阳修出生后的第四年，父亲就离开了人世，于是家中生活的重担全部落在欧阳修的母亲郑氏身上。为了生计，母亲不得不带着刚4岁的欧阳修从庐陵（今江西永丰）来到随州（今湖北随县），以便孤儿寡妇能得到在随州的欧阳修叔父的些许照顾。欧阳修的母亲郑氏出生于一个贫苦的家庭，只读过几天书，但却是一位有毅力、有见识的妇女。她勇敢地挑起了持家和教养子女的重担。

欧阳修很小的时候，郑氏不断给他讲如何做人的故事。她教导孩子最多的就是，做人不可随声附和，不要随波逐流。欧阳修稍大些，郑氏想方设法教他认字写字，先是教他读唐代诗人周朴、郑谷及当时的九僧诗。尽管欧阳修对这些诗一知半解，却增强了他对读书的兴趣。眼看欧阳修就到上学的年龄了，郑氏一心想让儿子读书，可是家里穷，买不起纸笔。有一次她看到屋前的池塘边长着荻草，突发奇想，用这些荻草秆在地上写字不是也很好吗？于是她用荻草秆当笔，铺沙当纸，开始教欧阳修练字。欧阳修跟着母亲的教导，在地上一笔一划地练习写字，反反复复地练，错了再写，直到写对写工整为止，一丝不苟。这就是被后人传为佳话的“画荻教子”。

欧阳修的父亲生前曾在道州、泰州做过管理行政事务和司法的小官。他关心民间疾苦，正直廉洁，为百姓所爱戴。欧阳修长大做了官以后，母亲还经常不断地将他父亲为官的事绩讲给他听。她对儿子说：你父亲做司法官的时候，常在夜间处理案件，对于涉及到平民百姓的案宗，他都十分慎重，翻来覆去地看。凡是能够从轻的，都从轻判处；而对于那些实在不能从轻的，往往深表同情，叹息不止。她还说：你父亲做官，廉洁奉公，不谋私利，而且经常以财物接济别人，喜欢交结宾朋。所以他去世后，没有留下一间房，没有留下一垄地。她告诫儿子说：对于父母的奉养不一定要十分丰盛，重要的是要有一个孝心。自己的财物虽然不能布施到穷人身上，但一定是心存仁义。我没有能力教导你，只要你能记住你父亲的教诲，我就放心了。

章建民 书画家、高级工艺美术师，擅长水墨人物画。作品多次入选国家级展览，并获奖，其作品被中国美术馆永久收藏。他的水墨人像画表情生动、形态逼真。

原文欣赏

mò bēi sī rǎn　shī zàn gāo yáng
墨悲丝染　诗赞羔羊

jǐng xíng wéi xián　kè niàn zuò shèng
景行维贤　克念作圣

注释：墨：指墨子。诗：指《诗经》。羔羊：《诗经·召南》中有一首《羔羊》，赞美召南之地的官员节俭正直，德行像毛色洁白的羊羔一样纯美。景行：高尚的德行。克念：克制自己的欲念。

译文：墨子见到丝被染色就为之悲叹，诗经中有诗赞美官员节俭正直的德行。高尚的德行只在贤德之人那里看到，所以我们要克制自己的欲念，努力效法圣贤的言行。

书法练习

墨悲丝染　诗赞羔羊
景行维贤　克念作圣

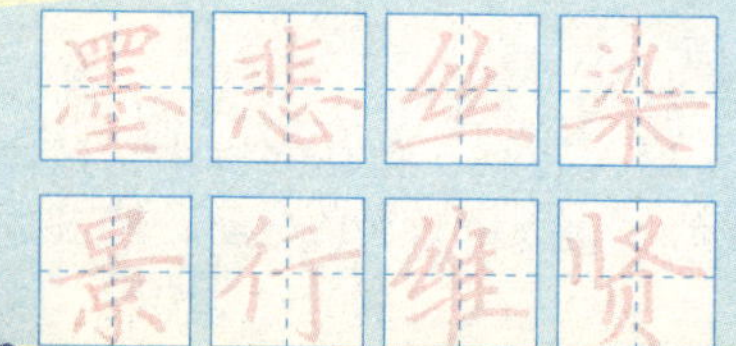

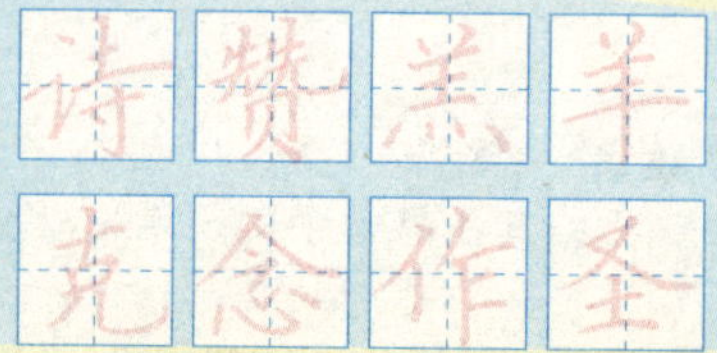

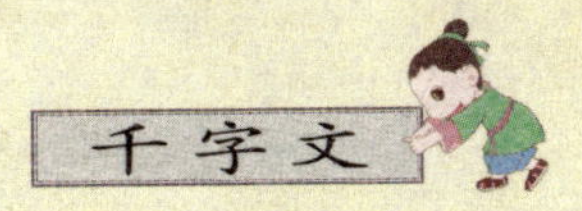

原文欣赏

dé jiàn míng lì　xíng duān biǎo zhèng
德建名立　形端表正

kōng gǔ chuánshēng　xū táng xí tīng
空谷传声　虚堂习听

注释：立：树立。虚：空的。习：重复之意。

译文：有了好的德行修养，好的名声就会树立起来，如同形体端庄，仪表也随之端庄一样。在空旷的山谷中呼喊，声音会传得很远，在宽敞的厅堂里说话，声音就非常清晰。

德修名立　形端表正
空谷传声　虚堂习听

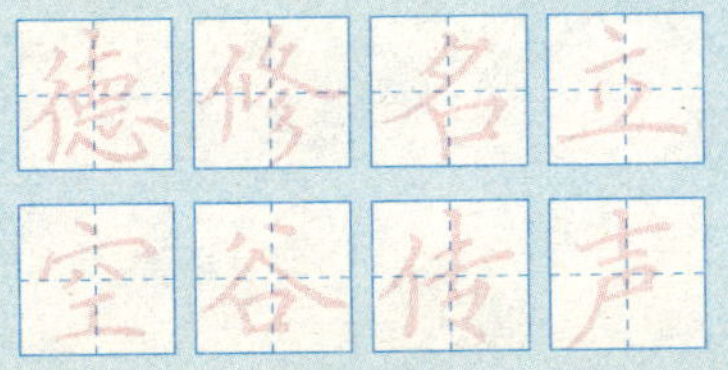

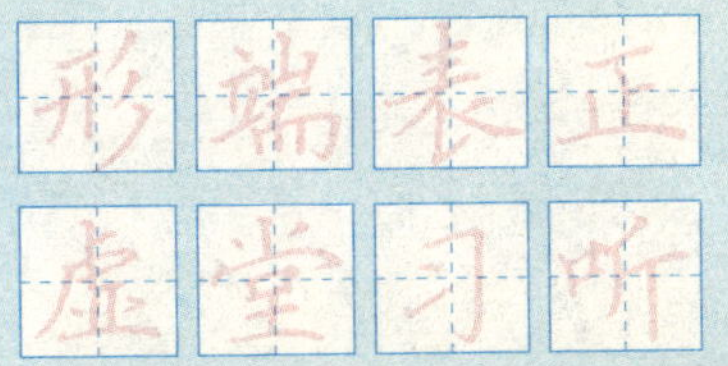

故事链接

四面楚歌

秦朝灭亡后，各路反秦大军中势力最强的是楚霸王项羽和汉王刘邦。为了争夺天下，楚汉进行了五年的战争。最后，汉军在一个叫垓下的地方包围了楚军。

这时，楚军已到了山穷水尽的地步，既无粮草，又人困马乏，士兵的心态也开始动摇。

一天深夜，项羽愁闷地坐在军帐中。忽然从四面八方传来阵阵楚地的歌声。项羽大吃一惊，他想："难道楚地已经全部被汉军占领了吗？怎么汉营中有那么多的楚人呢？"项羽的官兵们听了楚歌，也纷纷勾起了思乡之情，军心涣散。

其实，这是汉军采取的一个计谋。他们为了速战速决，瓦解楚军的斗志，故意唱楚歌来给楚军听。

这一夜，项羽无法入睡，他已经预料到了自己的结局。他诀别了爱姬，率领一支军队突围，被刘邦部队追上，自刎于乌江边。

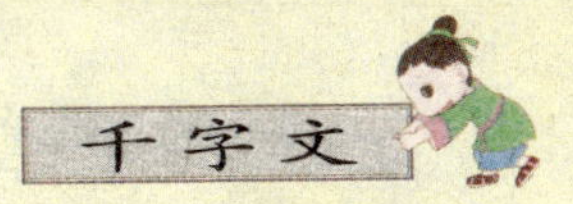

原文欣赏

huò yīn è jī　fú yuán shàn qìng
祸因恶积　福缘善庆

chǐ bì fēi bǎo　cùn yīn shì jìng
尺璧非宝　寸阴是竞

▷注释：缘：由于。庆：指回报、奖赏。璧：圆形的玉石。阴：光阴，指时间。竞：竞争。

▷译文：祸端是因为作恶积累而成，有福是由于行善所得的奖赏。一尺长的璧玉并不宝贵，但一寸的光阴却值得珍惜。

祸因恶积　福缘善庆
尺璧非宝　寸阴是竞

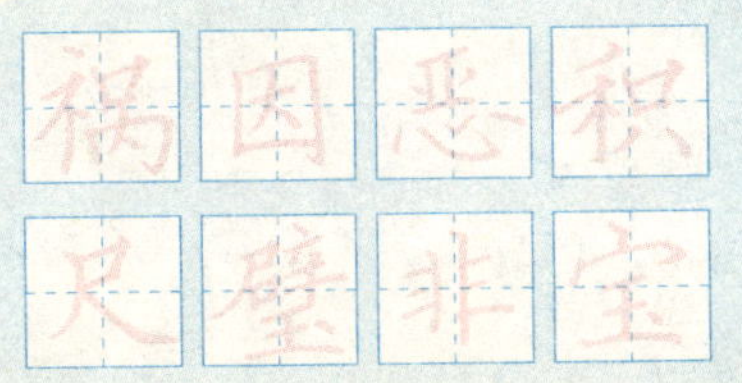

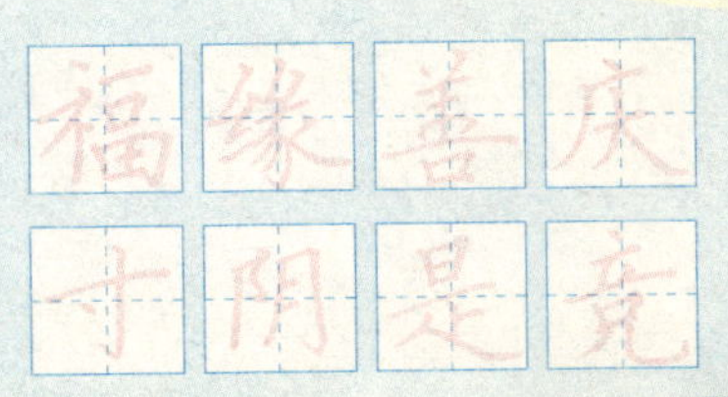

中国的皮影戏也叫影戏，距今已有一千多年的历史，是广泛流传于中国民间的一种古老独特的戏曲艺术。其内容和艺术效果通过灯光、幕布、唱腔以及演员手中操纵的影人表演表现出来。所用的皮影人和皮影场景既是表演的道具，又是具有浓郁地方色彩的民间美术作品。据考证，中国影戏起源于唐、五代，繁荣于宋、元、明、清。广义上的中国影戏包括手影戏、纸影戏、皮影戏三大类，是一种集绘画、雕刻、音乐、歌唱、表演于一体的综合民俗艺术。手影是影戏的滥觞，纸影初具雏形，皮影则进入成熟阶段。

小贴士

德

简单地说，德即是对道、对自然规律的认识和理解。“德”的本意为顺应自然、社会和人类客观需要去做事。不违背自然发展，去发展自然，发展社会，发展自己的事业。德，是一个人或社会好的内在的品格和价值观。老子说“圣人常无心，以百姓心为心。善者吾善之，不善者吾亦善之，德善。信者吾信之，不信者吾亦信之，德信。”德与道有密切的关系。没有道(道理，道路)就不可能有正确的价值观与好的品格。无德是因为无道。反之，有道必然有德。老子说：“天下有道，却走马以粪。天下无道，戎马生于郊。祸莫大于不知足；咎莫大于欲得。故，知足之足，常足矣。”意思是说，天下有道，军马运粪肥田。天下无道，戎马战乱。最大的祸在于不知足，最大的过错在于贪得无厌。所以，知道满足的人，永远是满足的。

老子反对只讲表面的礼。德是内在的，而不应是形式的。老子说：“故失道而后德。失德而后仁，失仁而后义，失义而后礼。夫礼者，忠信之薄，而乱之首。前识者，道之华，而愚之始。是以大丈夫居其厚，不居其薄；居其实，不居其华。故去彼取此。上德不德，是以有德。下德不失德，是以无德。”

原文欣赏

zī fù shì jūn　yuē yán yǔ jìng
资父事君　曰严与敬

xiào dāng jié lì　zhōng zé jìn mìng
孝当竭力　忠则尽命

注释：资：奉养。事：侍奉。

译文：奉养父亲，待奉君主，应做到认真、谨慎、恭敬。孝顺父母，要尽心竭力；对待君主，要不惜生命。

资父事君　曰严与敬
孝当竭力　忠则尽命

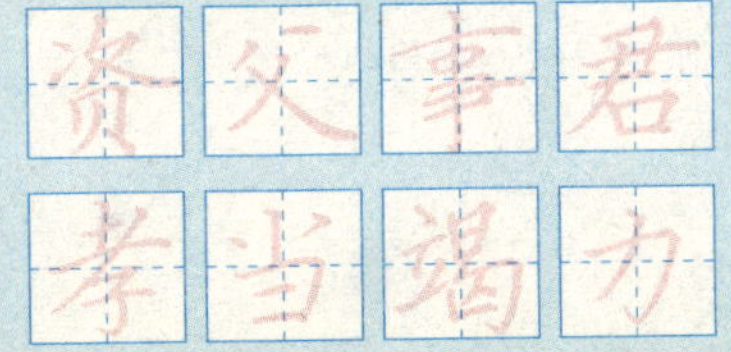

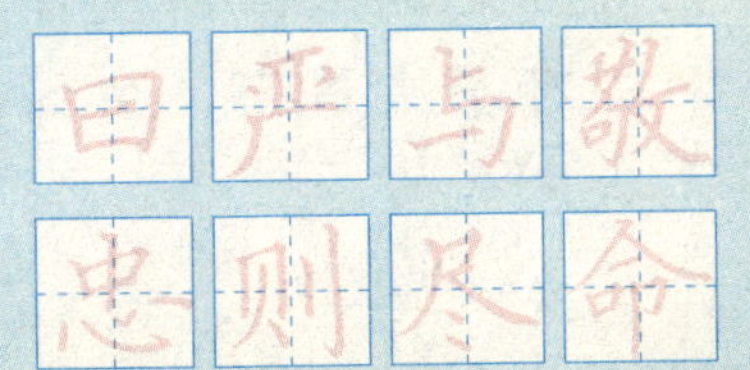

故事链接

如鱼得水

东汉末年，天下大乱，群雄争霸。刘备为了实现一统天下的宏大志向，四处搜求人才。他听说隐居在隆中的诸葛亮是安邦定国之才，便带着关羽和张飞去拜见他。第一次去，诸葛亮外出了；第二次去，又没碰到；直到第三次去时，他们才见到了诸葛亮。刘备表明了自己的志向，诚恳地请求诸葛亮出山，辅佐自己取得天下。诸葛亮提出了夺取荆州、益州，与西南少数民族通好，联合孙权，北伐曹操的战略方针，预言了魏、蜀、吴三国鼎立的局面。

刘备很钦佩诸葛亮的才学与见识，他形象地将自己比做鱼，把对方比做水，高度评价了诸葛亮对自己夺取天下的重要性。刘备有了诸葛亮，仿佛鱼儿得到了水一样；没有水，鱼是根本无法生存的。

原文欣赏

lín shēn lǚ bó　　sù xīng wēn qìng
临深履薄　夙兴温凊

sì lán sī xīn　　rú sōng zhī shèng
似兰斯馨　如松之盛

注释：临深履薄：指态度十分谨慎、认真。夙：早晨。兴：起来。凊：清爽、清凉。馨：指香气。

译文：侍奉君主要如临深渊，如履薄冰；孝顺父母要晚睡早起，让他们冬暖夏凉。如此去做，德行就如兰花一样馨香，同青松一样茂盛。

临深履薄　夙兴温凊
似兰斯馨　如松之盛

临深履薄　夙兴温凊
似兰斯馨　如松之盛

原文欣赏

chuān liú bù xī　yuān chéng qǔ yìng
川流不息　渊澄取映

róng zhǐ ruò sī　yán cí ān dìng
容止若思　言辞安定

注释：渊澄：指清澈静止的水面。映：映照。容止：容貌举止。

译文：像河水川流不息，如清澈静止的水面可以照人。仪态举止庄重，看上去若有所思；言辞稳重，显得从容而沉静。

书法练习

川流不息　渊澄取映
容止若思　言辞安定

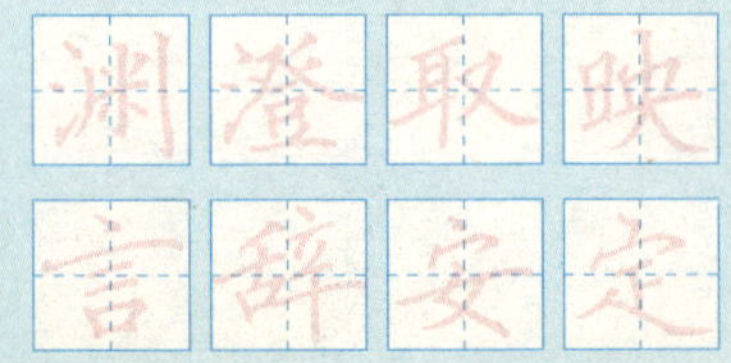

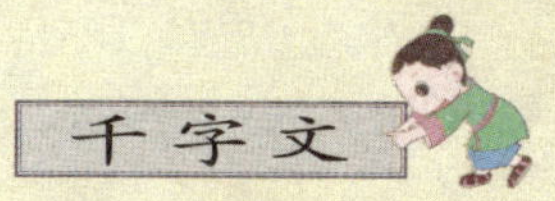

故事链接

芦衣顺母

春秋时期，鲁国有一个少年名叫闵损。从小他的母亲就去世了，生活很是孤苦。后来，父亲闵公给他找了个继母，继母不但让他照顾弟弟，而且把家中所有的脏活累活都让他干。九岁的闵损从无怨言，而且对待继母的打骂也能以德报怨，特别是对五岁的弟弟处处关心，兄弟俩的关系很是亲密。

这年冬天，父亲从远方做完生意归来，闵损给父亲送上一碗热水，但因为身上发冷，双臂不由自主地抖个不停，水竟洒了一多半。父亲很生气，骂闵损不长进、没出息。

父亲带上兄弟两个赶着马车去拉货，一路上寒风凛冽，闵损冻得缩成一团。父亲看他穿着厚厚的棉衣，不觉火从心起，斥责说："弟弟穿的比你少，也没有冻成你那样，太没出息啦！"说着便顺手拿鞭子抽打闵损。两鞭子下去，闵损的棉衣被打破了，破洞处露出的芦苇花洒了一车。父亲一看愣住了，刹那间他就已经明白过来：原来后母竟如此狠心对待儿子，气得他掉下了眼泪。

回到家后，闵公立即写了一纸休书。妻子吓得跪地磕头，求饶认错。闵损和弟弟也赶忙跪了下来为母亲求情。

闵损说道："您就饶了母亲这一回吧，没有母亲的家不像一个家，母在子不单，母去二子寒。"说罢与弟弟叩头不止。这时闵公被儿子的一番话打动了，心肠软了下来。两个儿子赶紧扶起母亲，如梦初醒的母亲激动地抱着两个儿子失声痛哭，又感动，又悔恨。从此，被感化的母亲对大儿子又敬又爱，待他胜过自己的亲生儿子。弟弟对兄长更是敬重有加。从此闵公的家，成为一个和睦美满的家庭。

闵损长大后，成了孔子的得意门徒之一。

原文欣赏

dǔ chū chéng měi shèn zhōng yí lìng

笃初诚美 慎终宜令

róng yè suǒ jī jí shèn wú jìng

荣业所基 籍甚无竟

注释：笃：重视。诚：确实。令：美好。基：根基。籍甚：盛大。竟：止境。

译文：无论什么事都应重视其开端，但也要使其有好的结果，做到善始善终。这些是将来显达的基础，能做到这些就会使声誉盛大，前途远大。

书法练习

笃初诚美 慎终宜令

荣业所基 籍甚无竟

笃	初	诚	美	慎	终	宜	令
荣	业	所	基	籍	甚	无	竟

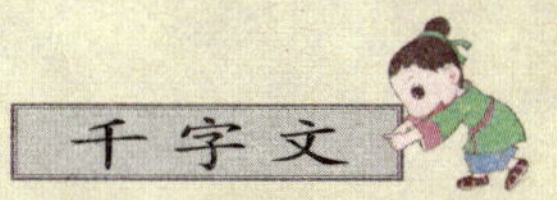

原文欣赏

xué yōu dēng shì　　shè zhí cóng zhèng
学优登仕　摄职从政

cún yǐ gān táng　　qù ér yì yǒng
存以甘棠　去而益咏

注释： 仕：指做官。摄：治理。甘棠：据传周召公曾于甘棠树下处理政事，后来当地人因其爱民，而珍爱此树不伐。

译文： 学习十分优秀，以后就可做官，行使职权，参与处理国家政事。周召公曾在甘棠树下理政，他过世后百姓对他更加怀念颂扬。

学优登仕　　摄职从政

存以甘棠　　去而益咏

学优登仕　摄职从政
存以甘棠　去而益咏

故事链接

颜回"偷食"

孔子与众弟子周游列国，在陈、蔡两国之间的地方受困，断粮七天。子贡费了许多周折才买回一石米。

颜回与子路在破屋墙下做饭，有灰尘掉进锅中，颜回将被灰尘弄脏的饭盛出来，觉得扔掉太可惜，便自己吃了。子贡在井边远远望见，以为颜回在偷吃，很是生气，便跑去问孔子："仁人廉士也会改变自己的节操吗？"孔子说："改变节操还叫仁人廉士吗？"子贡说："像颜回这样的人，也不会改变节操吗？"孔子说："是的，我信任颜回是仁人廉士已非一日了。"子贡便把自己看到的情况告诉孔子。孔子说："你虽如此说，我仍不会怀疑他，这里边必定有缘故，我们问明原因再做结论。"

孔子把颜回叫到身边说："昨天晚上我梦见先人，大概是要启发佑助我。你把做好的饭端进来，我将祭奠先人。"颜回对孔子说："刚才有灰尘掉进饭里，留在锅里不干净，丢掉又太可惜，我就把被尘土染脏的那一点吃掉了，不可以用来祭奠了。"(用过的饭是不能祭奠的，否则就是对先人不敬)大家恍然大悟，明白了"颜回偷食"的原因。

孔子叹息道："人应该相信自己的眼睛，但即便是眼睛看到的仍不一定可信；人依靠的是心，可是自己的心有时也依靠不住。大家要记住，了解一个人是多么不容易呀。"

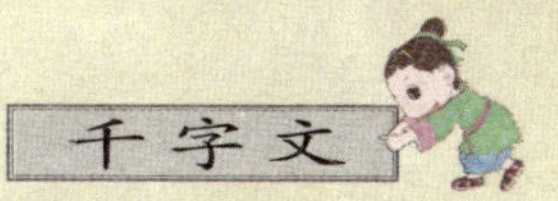

原文欣赏

yuè shū guì jiàn　　lǐ bié zūn bēi
乐殊贵贱　礼别尊卑

shàng hé xià mù　　fū chàng fù suí
上和下睦　夫唱妇随

▷注释：乐殊：乐器的差异。

▷译文：选择乐曲要根据人的身份贵贱而有所不同，礼节上也要按照人的地位高低有所区别。上上下下要和睦相处，夫妻之间要一唱一随，协调一致。

书法练习

乐殊贵贱　礼别尊卑
上和下睦　夫唱妇随

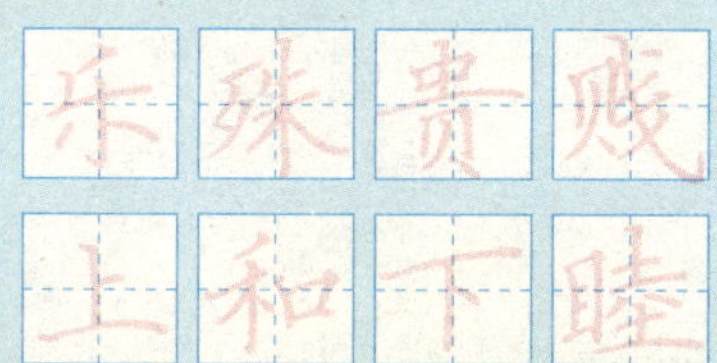

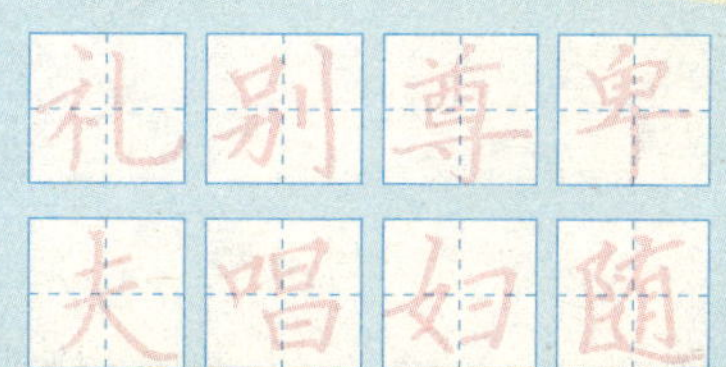

原文欣赏

wài shòu fù xùn　rù fèng mǔ yí
外受傅训　入奉母仪

zhū gū bó shū　yóu zǐ bǐ ér
诸姑伯叔　犹子比儿

注释：傅训：师傅的教诲。奉：遵循。母仪：母亲立下的规矩。

译文：在外面要听从师长的教诲，到了家里要遵守母亲的规矩。对待姑姑、伯伯、叔叔等长辈，要像是他们的亲生子女一样。

书法练习

外受傅训　入奉母仪
诸姑伯叔　犹子比儿

外受傅训　入奉母仪
诸姑伯叔　犹子比儿

名师点拨

此句话无论放在哪个年代，对于家长教育孩子都很有积极的教育意义。尤其是对于生活在新世纪的孩子，他们在各方面条件都比较优裕，再加上个别家长比较溺爱孩子，这样给他们创造了容易犯错的机会。在家里唯我独尊、没大没小，不懂得尊重长辈；在外遇见了亲戚朋友，更是招呼不打。因此，家长从小就要给孩子灌输正确的观念，就像这句话“外受傅训，入奉母仪，诸姑伯叔，犹子比儿”说的那样，让孩子的身心健康成长。

故事链接

苏东坡赴宴

苏轼，字子瞻，又字和仲，号东坡居士，是北宋时期著名的文学家、书画家。他在文学艺术方面堪称全才。

相传，苏轼二十岁的时候，到京师去参加科考。有六个自负的举人看不起他，决定备下酒菜请苏轼赴宴，打算找机会戏弄他一番。苏轼接邀后欣然前往。

在宴席上，一个举人提议行酒令，酒令内容必须要引用历史人物和事件，这样就能独吃一盘菜。其余五人连声附和。

“我先来。”一个年纪较长的举人说道，“姜子牙渭水钓鱼！”说完捧走了一盘鱼。“秦叔宝长安卖马！”第二位神气地端走了马肉。“苏子卿贝湖牧羊！”第三位毫不示弱地拿走了羊肉。“张翼德涿县卖肉！”第四个急吼吼地伸手把肉扒了过来。“关云长荆州刮骨！”第五个迫不及待地抢走了骨头。“诸葛亮隆中种菜！”第六个傲慢地端起了最后的一样青菜。

菜全部分完了，六个举人得意洋洋地正准备边吃边嘲笑苏轼时，苏轼却不慌不忙地吟道：“秦始皇并吞六国！”说完把六盘菜全部端到自己面前，微笑道：“诸位兄台请啊！”六个举人呆若木鸡。

原文欣赏

kǒng huái xiōng dì　tóng qì lián zhī
孔怀兄弟　同气连枝

jiāo yǒu tóu fèn　qiē mó zhēn guī
交友投分　切磨箴规

注释：孔：很，十分。投：投合。切磨：切磋。箴：劝诫。

译文：兄弟间要十分友爱、亲近，如同手足。因为他们同是父母所生，犹如树枝相连，分割不开。交朋友要意气相投，学习中共同切磋进步，品行上相互劝勉规诫。

书法练习

孔怀兄弟　同气连枝
交友投分　切磨箴规

孔怀兄弟　同气连枝
交友投分　切磨箴规

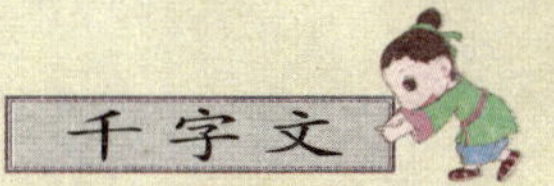

原文欣赏

rén cí yǐn cè zào cì fú lí
仁慈隐恻 造次弗离

jié yì lián tuì diān pèi fěi kuī
节义廉退 颠沛匪亏

注释：隐恻：即恻隐，怜悯、同情。造次：指紧要关头。弗：不要。节：指节操、气节。颠沛：指处境艰难，困苦。匪：不。

译文：对人要有仁义、慈爱以及恻隐怜悯之心，在非常时期和紧要关头不可离去。气节、正义、廉洁、谦让，这些美德在最艰难困苦的时刻也不能有所亏缺。

仁慈隐恻 造次弗离
节义廉退 颠沛匪亏

仁慈隐恻 造次弗离
节义廉退 颠沛匪亏

故事链接

颜真卿拜师

书法艺术中素有“颜筋柳骨”一说。“柳”指的是书法大家柳公权，而“颜”就是唐代中期著名的书法家，与赵孟頫、柳公权、欧阳询并称“楷书四大家”的颜真卿。

为了学习书法，颜真卿曾两度辞官，拜在张旭门下学习。张旭是唐代首屈一指的大书法家，尤其擅长草书。颜真卿希望在这位名师的指点下，学到写字的诀窍。但拜师以后，张旭却没有透露半点书法秘诀，他只是给颜真卿介绍了一些名家字帖，让颜真卿临摹。转眼几个月过去了，颜真卿得不到老师的书法秘诀，心里很着急。

一天，颜真卿壮着胆子，对老师说：“学生有一事相求，请老师传授书法秘诀。”张旭回答道：“学习书法，一要‘工学’，即勤学苦练；二要‘领悟’，即从自然万象中接受启发。这些我不是多次告诉过你了吗？”

颜真卿听了，以为老师不愿传授秘诀，又向前一步，施礼恳求道：“老师说的‘工学’‘领悟’，这些道理我都知道了，我现在最需要的是老师行笔落墨的绝技秘方，请老师指教。”

张旭还是耐着性子开导颜真卿：“我是见公主与担夫争路而察笔法之意，见公孙大娘舞剑而得落笔神韵，除了苦练就是观察自然，别的没什么诀窍。”接着他给颜真卿讲了晋代书圣王羲之教儿子王献之练字的故事，最后严肃地说：“学习书法要说有什么‘秘诀’的话，那就是勤学苦练。要记住，不下苦功的人，不会有任何成就。”

老师的教诲，使颜真卿大受启发，他真正明白了为学之道。从此，他扎扎实实勤学苦练，潜心钻研，从生活中领悟运笔神韵，进步很快，终成为一代大家。

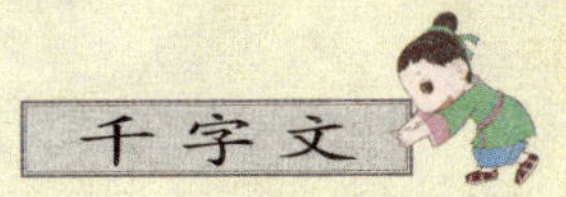

原文欣赏

xìng jìng qíng yì　xīn dòng shén pí
性静情逸　心动神疲

shǒu zhēn zhì mǎn　zhú wù yì yí
守真志满　逐物意移

注释：逸：安逸、轻闲。心：意念。神疲：精神疲劳。真：纯真。逐物：追逐物质享受。意移：意志动摇。

译文：品性沉静淡泊，情志安逸自在，才不会为外物所累；内心意念浮躁不定，精神就会疲惫不堪。只有保持纯真的天性，才会感到满足；而追求物欲享受，天性就会改变，意志就容易动摇。

性静情逸　心动神疲

守真志满　逐物意移

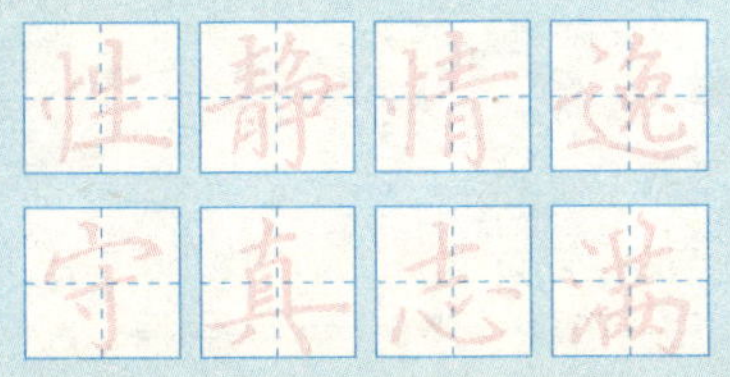

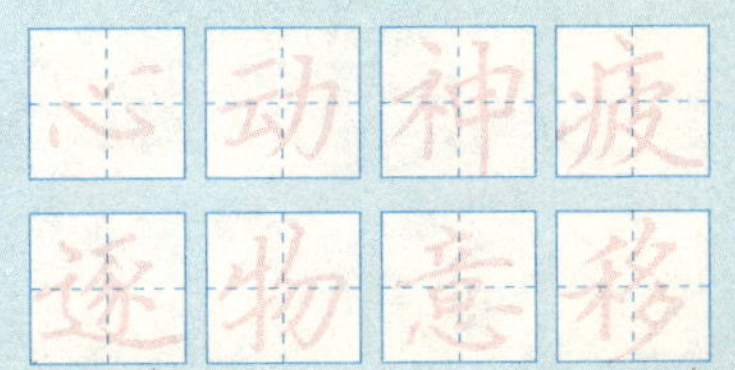

原文欣赏

jiān chí yǎ cāo　hǎo jué zì mí
坚持雅操　好爵自縻

dū yì huá xià　dōng xī èr jīng
都邑华夏　东西二京

注释：爵：指爵位、官职。縻：指来临之意。都邑：指都城。二京：指东京洛阳和西京长安。

译文：坚持高尚的情操，好的官爵自然就会来临。古代中国的都城，有东京洛阳和西京长安。

书法练习

坚持雅操　好爵自縻

都邑华夏　东西二京

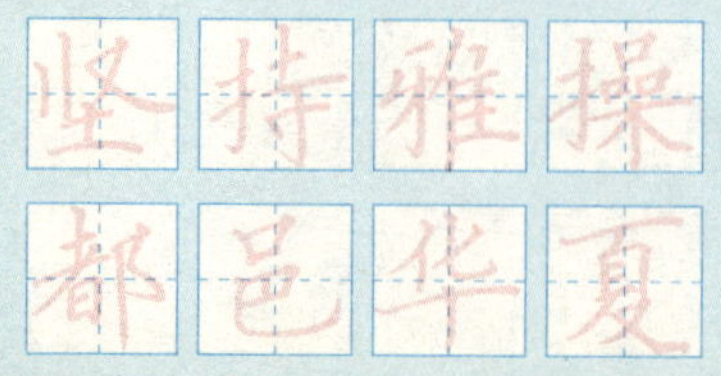

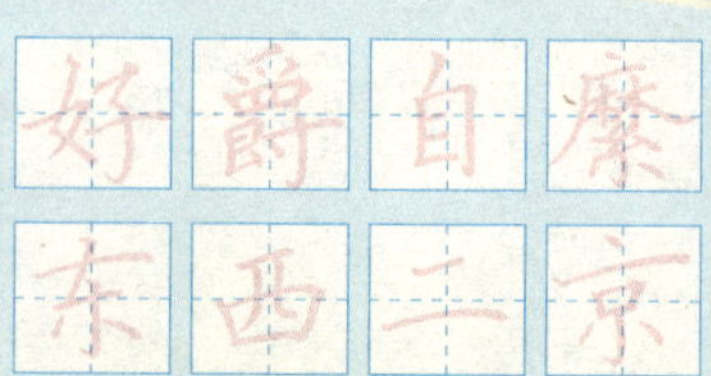

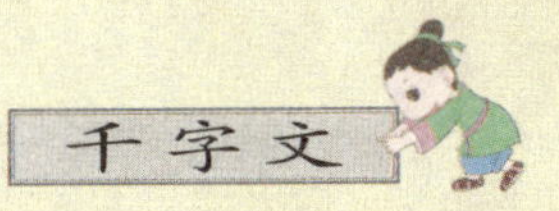

故事链接

两袖清风

于谦是明朝著名的民族英雄和诗人，先后担任过监察御史、兵部尚书等重要职务。虽然身居高位，他的生活却非常俭朴。

当时，皇帝年少，宦官王振专权，腐败贪污现象非常严重。一次，于谦在担任巡抚时从外地回京，他的下属建议他带一些土特产孝敬权贵。于谦听后非常反感，写了一首诗表明自己的志向："绢帕麻菇与线香，本资民用反为殃。清风两袖朝天去，免得闾阎话短长。"于谦用两只袖子带着清风去朝见天子，他高洁的品格得到了人们的敬佩。

原文欣赏

bèi máng miàn luò　fú wèi jù jīng
背邙面洛　浮渭据泾

gōng diàn pán yù　lóu guàn fēi jīng
宫殿盘郁　楼观飞惊

注释：邙：指洛阳东北的邙山。洛：指洛水。渭：指渭水。据：居于，位于。泾：指泾水。盘郁：指曲折盘旋。观：指庙宇。

译文：东京洛阳北靠邙山，南临洛水；西京长安左跨渭河，右傍泾水，居于两河交汇处的南岸。宏伟的宫殿盘旋曲折，楼阁高耸如飞，令人为之赞叹。

书法练习

背邙面洛　浮渭据泾
宫殿盘郁　楼观飞惊

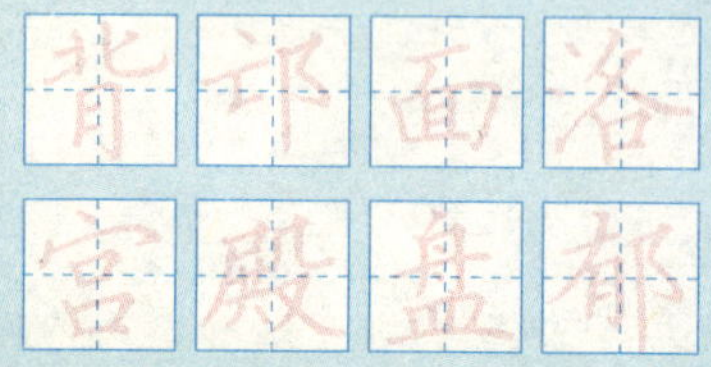

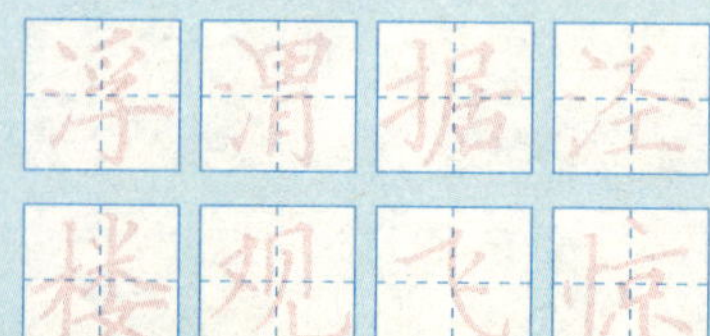

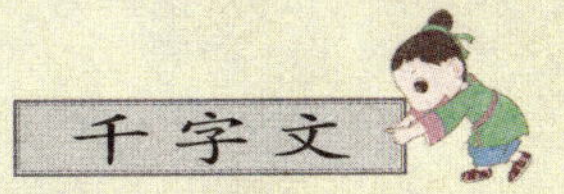

原文欣赏

tú xiě qín shòu　huà cǎi xiān líng
图写禽兽　画彩仙灵

bǐng shè páng qǐ　jiǎ zhàng duì yíng
丙舍旁启　甲帐对楹

注释：丙舍：指宫中正室两旁的房屋。旁启：指侧开。甲帐：指用珠玉装饰的华丽床帐。楹：指殿堂内的柱子。

译文：官殿各处都雕刻着各种飞禽走兽的形象，还画着色彩斑斓的天仙神灵。正殿两边的偏殿从侧面开启，华丽的帐幕正对着大殿内几个高高的柱子。

图写禽兽　画彩仙灵
丙舍旁启　甲帐对楹

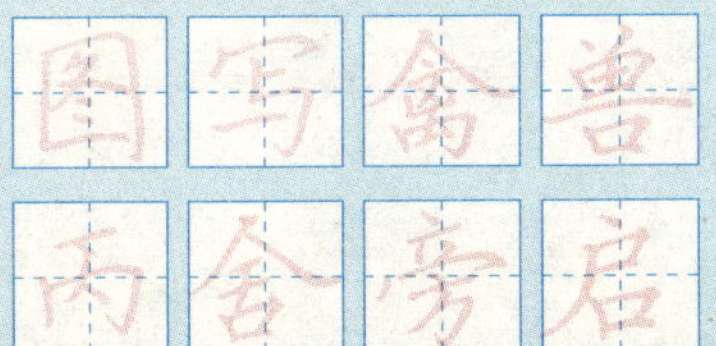

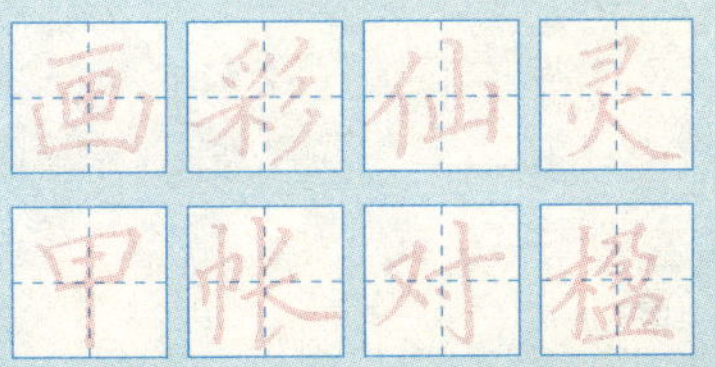

国学点睛

专家们根据考古学的发现推测，在距今五六千年前的新石器时期中期，中国便开始养蚕、取丝、织绸了。到了商代，丝绸生产已经初具规模，具有较高的工艺水平，有了复杂的织机和织造工艺。我国是世界上最早饲养家蚕和缫丝织绸的国家，中华民族的祖先不但发明了丝绸，而且昌明丝绸、利用丝绸，使其在服饰上、经济上、艺术上及文化上均散发出灿烂光芒，进而使丝绸衣披天下。被称为三大名锦的古代四川蜀锦、苏州宋锦、南京云锦是丝织品中的优秀代表，至今在世界上仍享有很高声誉。因此，丝绸在某种意义上说，代表了中国悠久灿烂的文化。

唐朝是丝绸生产的鼎盛时期，无论产量、质量和品种都达到了前所未有的水平。丝绸的生产组织分为宫廷手工业、农村副业和独立手工业三种，规模较前代大大扩充了。同时，丝绸的对外贸易也得到巨大的发展，不但“丝绸之路”的通道增加到了三条，而且贸易的频繁程度也空前高涨。丝绸的生产和贸易为唐代的繁荣做出了巨大的贡献。

小贴士

老子

老子(前600年—前470年之后)，姓李名耳，字伯阳，又称老聃。中国春秋时代思想家，楚国苦县厉乡曲仁里人(今河南鹿邑或安徽涡阳)。老子著有《道德经》，是道家学派的始祖，他的学说后被庄周发展。道家后人将老子视为宗师，与儒家的孔子相比拟，史载孔子曾学于老子。在道教中，老子是太上老君的第十八个化身。

老子作品的精华是朴素的辩证法。在修身方面，老子是道家性命双修的始祖，讲究虚心实腹、不与人争的修持。在政治上，老子主张无为而治、不言之教。在权术上，老子讲究物极必反之理。

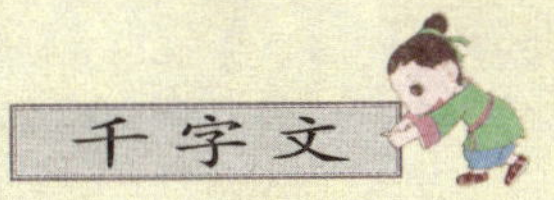

故事链接

鹰和乌鸦

一天，有一只鹰从山上俯冲下来，用爪子抓住一只小羊，飞到山崖上它的窝里。乌鸦看到了这一切，感觉鹰的动作很潇洒，十分忌妒，心想：我要在力气和飞行上超过它。

乌鸦将自己的翅膀劈里啪啦地拍得很响，在空中打着转儿一圈一圈地飞，最后俯冲向一只老绵羊，也想把这只老绵羊抓起来飞走。但它的爪子却被羊毛缠住了，别说抓起羊飞走，就连自己也飞不走了。牧人发现了，轻而易举捉住了它，剪断了乌鸦的翅膀，晚上回家送给孩子玩。孩子问爸爸："这是一只什么鸟呀？"牧人回答说："这是一只乌鸦，但我发现，它好像以为自己是一只鹰。"

这个故事说明：无视客观条件的限制，自以为是的人，最终会受到现实的惩罚。

原文欣赏

sì yán shè xí　gǔ sè chuī shēng

肆筵设席　鼓瑟吹笙

shēng jiē nà bì　biàn zhuàn yí xīng

升阶纳陛　弁转疑星

注释： 肆筵：开设宴席。瑟、笙：皆为乐器。陛：指宫殿内的台阶。弁：指帽子。

译文： 宫殿内大开宴席，宫廷的乐师们吹笙鼓瑟，吹奏着美妙的旋律。文武百官登上台阶进入大殿，华美的帽子闪闪发光，像天上的星星一般夺目。

肆筵设席　　鼓瑟吹笙

升阶纳陛　　弁转疑星

肆筵设席
升阶纳陛

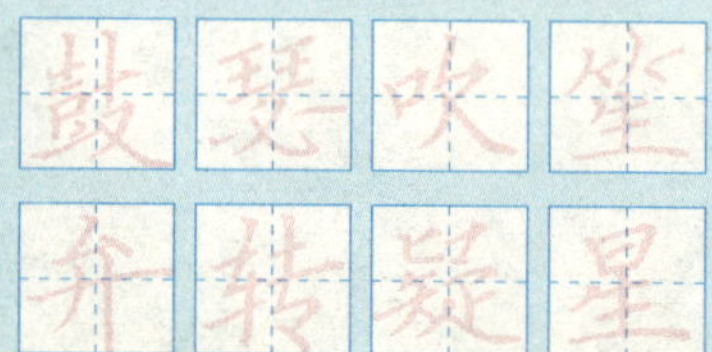

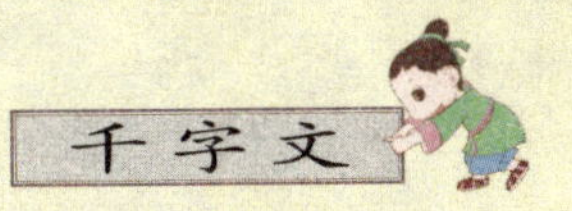

原文欣赏

yòu tōng guǎng nèi　zuǒ dá chéng míng
右通广内　左达承明

jì jí fén diǎn　yì jù qún yīng
既集坟典　亦聚群英

▶ 注释：广内：指广内殿，是藏书之处。承明：指承明殿。

▶ 译文：自宫廷向右可到达广内殿，向左则可到达承明殿，这里收藏了天下的各种典籍，也汇集了四方的文武英才。

右通广内　左达承明
既集坟典　亦聚群英

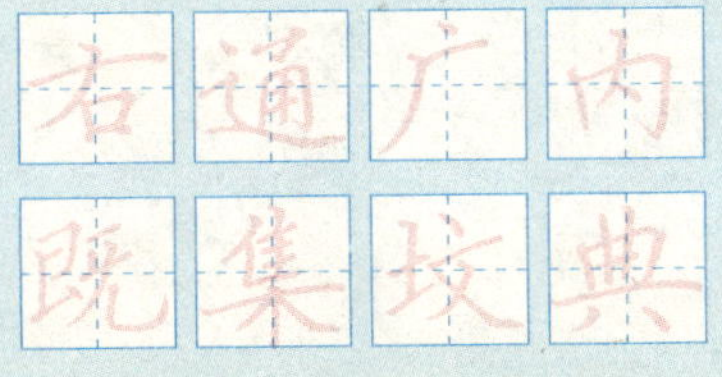

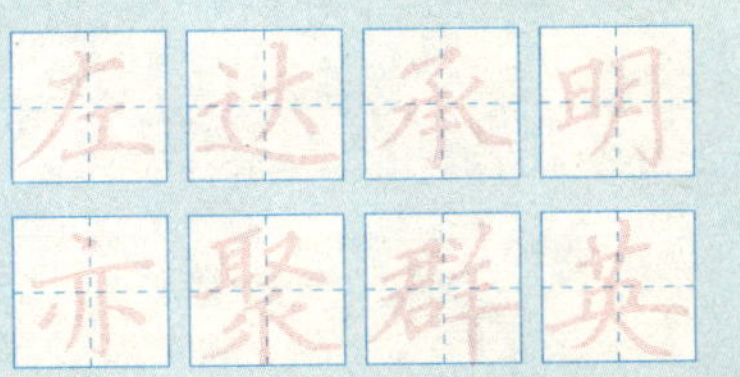

故事链接

李冰与都江堰

古代蜀地(今四川)非涝即旱，有“泽国”之称。四川人民世世代代同洪水作斗争。秦惠文王九年(公元前316年)，秦国吞并蜀国。为彻底治理岷江水患，秦昭王五十一年（公元前256年），秦昭王任命精通治水的李冰为蜀守。

李冰和他的儿子二郎沿岷江进行实地考察，了解水情、地势等情况，制定了治理岷江的规划方案。

李冰采用中流作堰的方法，在岷江峡内用石块砌成石埂，叫都江鱼嘴，也叫分水鱼嘴。鱼嘴是一个分水的建筑工程，把岷江水流一分为二。东边的叫内江，供灌溉渠用水；西边的叫外江，是岷江的正流。又在灌县县城附近的岷江南岸筑了同堆，同堆就是开凿岩石后被隔开的石堆，夹在内外江之间。同堆的东侧是内江的水口，称宝瓶口，具有节制水流的功用。夏季岷江水涨，都江鱼嘴被淹没了，同堆就成为第二道分水处。内江自宝瓶口以下进入密布于川西平原之上的灌溉系统。旱则引水浸润，雨则堵塞水门，保证了大约300万亩良田的灌溉，使成都平原成为旱涝保收的天府之国。除都江堰外，李冰在蜀郡还主持兴建了其他一些水利工程。他组织百姓开凿沫水（又名青衣水）河心中的山岩，整理水道，便利了航行。还对管江、汶井江、洛水进行疏导，又引绵水出紫岩山到资中一带灌溉稻田。

李冰千百年来一直受四川人民崇敬，被尊称为“川主”，各地还修有“川主祠”，以表达四川人民对他的怀念。

原文欣赏

dù gǎo zhōng lì　qī shū bì jīng

杜稿钟隶　漆书壁经

fǔ luó jiàng xiàng　lù xiá huái qīng

府罗将相　路侠槐卿

注释：杜稿：指杜度的草书。钟隶：指钟繇的隶书。漆书：在用墨之前，古人是用漆写于竹简之上，称为“漆书”。壁经：指藏于墙壁之中的古书。槐卿：即公卿。

译文：宫殿里收藏有杜度的草书、钟繇的隶书，还有古时的竹简和从墙壁中取出的古书。大殿内文武官员排成两列，大殿外各位公卿大臣夹道相立，秩序井然有序。

书法练习

杜稿钟隶　漆书壁经

府罗将相　路侠槐卿

杜稿钟隶　漆书壁经

府罗将相　路侠槐卿

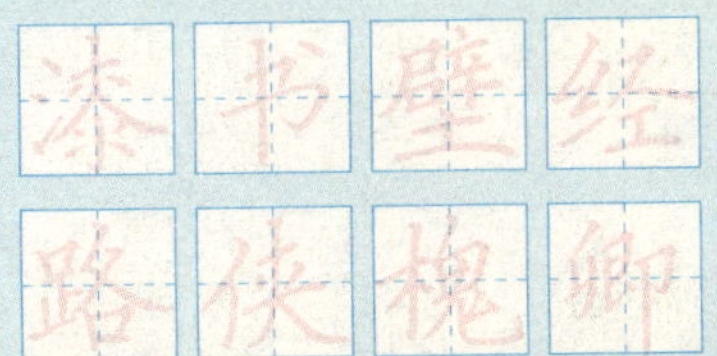

原文欣赏

hù fēng bā xiàn　jiā jǐ qiān bīng
户封八县　家给千兵

gāo guān péi niǎn　qū gǔ zhèn yīng
高冠陪辇　驱毂振缨

注释：冠：帽子。辇：指皇帝乘坐的车子。毂：车轮。缨：马车上套马用的带子。

译文：皇帝封赏给那些有功的文武大臣很多的土地和士兵。他们戴着高高的官帽，陪着皇帝出行，驾起车马，缨带飘舞起来。

户封八县　家给千兵
高冠陪辇　驱毂振缨

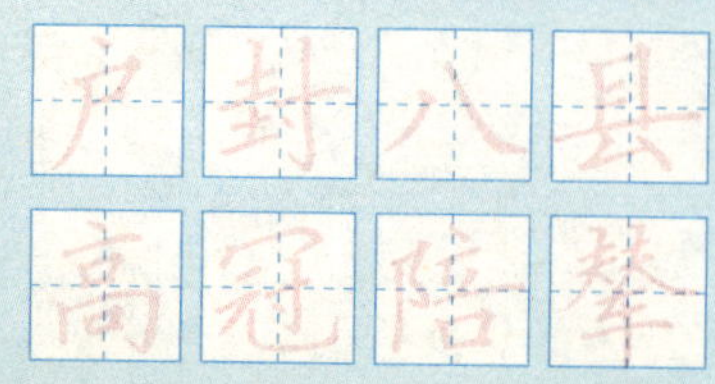

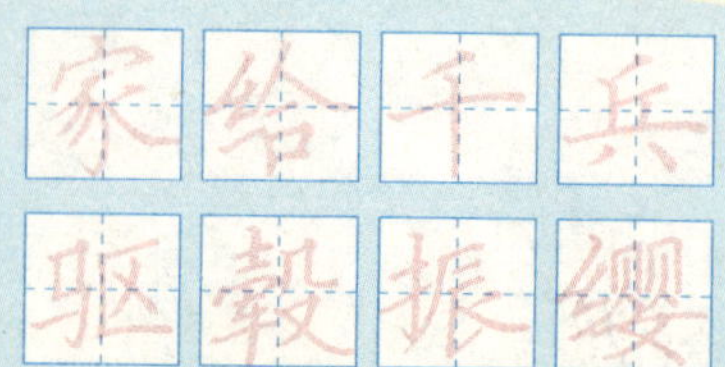

故事链接

宋应星与《天工开物》

宋应星是明朝末年著名的科学家。他毕生致力于整理和总结我国劳动人民的生产经验，写出了世界科学技术史上第一部关于农业和手工业生产的综合性著作《天工开物》。《天工开物》详尽地记载和总结了我国明朝中期到末期农业、手工业生产技术的卓越成就，被外国学者称为“中国17世纪的工艺百科全书”。

《天工开物》这部书，内容非常丰富，其中包括了农业、手工业的许多知识。宋应星又绘制了一百二十三幅插图，生动地描绘了三百多年前各项生产的情景。全书分上、中、下三卷，又细分为十八卷。上卷记载了谷物豆麻的栽培和加工方法，蚕丝棉苎的纺织和染色技术，以及制盐、制糖工艺。中卷内容包括砖瓦、陶瓷的制作，车船的建造，金属的铸锻，煤炭、石灰、硫黄、白矾的开采和烧制，以及榨油、造纸方法等。下卷记述金属矿物的开采和冶炼，兵器的制造，颜料、酒曲的生产，以及珠玉的采集加工等。

另外，宋应星善于从一般现象中发现本质，在生物学、物理学等自然科学理论上也取得了一些成就。这些成就在《天工开物》中均有体现。

可就是这样一部珍贵的科学巨著，却因为封建统治者不关心科学技术，竟在我国一度失传了。直到新中国成立以后，才找到它的原刻本。幸亏国内外一些科学家努力研究，宋应星和他的《天工开物》才没有被埋没。

原文欣赏

shì lù chǐ fù　chē jià féi qīng
世禄侈富　车驾肥轻

cè gōng mào shí　lè bēi kè míng
策功茂实　勒碑刻铭

注释：世禄：世袭俸禄。侈富：指十分富足。策：出谋划策。勒碑：刻于碑文上。铭：指铭文。

译文：这些人的后代世袭俸禄，生活十分富足。出门则是轻车肥马，非常得意。朝廷还命人将这些人所立下的功勋，留下的功德，刻在碑石上，为后世传颂、效仿。

书法练习

世禄侈富　车驾肥轻
策功茂实　勒碑刻铭

世禄侈富　车驾肥轻
策功茂实　勒碑刻铭

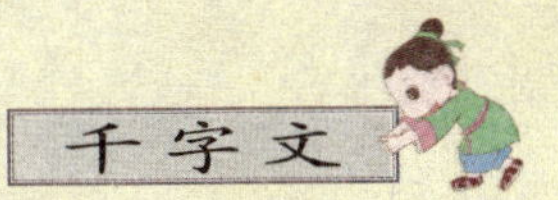

原文欣赏

pán xī yī yǐn zuǒ shí ē héng
磻溪伊尹 佐时阿衡

yǎn zhái qū fù wēi dàn shú yíng
奄宅曲阜 微旦孰营

注释：磻溪：相传，姜太公曾于此垂钓。伊尹：商汤时的宰相。阿衡：伊尹受封的官名。微：没有。旦：指周公旦。

译文：姜太公辅佐周武王，被封为“太公望”，伊尹辅佐时政，商汤王封他为“阿衡”。周成王占领了曲阜一带的地界，若不是周公旦辅政怎么可能？

书法练习

磻溪伊尹 佐时阿衡
奄宅曲阜 微旦孰营

磻溪伊尹 佐时阿衡
奄宅曲阜 微旦孰营

故事链接

烛之武退秦师

公元前630年，秦晋联合攻打郑国，在国家危亡关头，烛之武不计长期未被重用的前嫌，深明大义，临危受命，以捍卫国家主权的使命感只身赴敌营，利用秦、晋之间的矛盾，向秦伯分析了当前的形势，采取分化瓦解的办法，说明了保存郑国对秦有利，灭掉郑国对秦不利的道理，不卑不亢，委婉曲折，步步深入，终于说服了秦伯。秦伯不但撤走了围郑的秦军，反而派兵保卫郑国，迫使晋国不得不撤兵，从而消除了郑国的危机。

当郑伯请烛之武出使敌营时，由于长期未被重用，烛之武的满腹牢骚与委屈溢于言表，以至于以“老矣，无能为也已”来推辞。但郑伯的一番诚意和对国家形势与个人利益关系的透彻分析，最终感动了他，他决心以国家利益为重，出使秦师。这足以说明他是个深明大义的爱国志士。两方交战，生死未卜；出使秦师，成败难料。烛之武“夜缒而出”，勇入秦营，其知难而上、义无反顾的冒险精神也展示了他的“勇士”性格。烛之武在到了秦营之后，面对强敌，不卑不亢，侃侃而谈。他先论说灭亡郑国对秦国有害无益，然后承诺，保存郑国将会对秦国大有好处，“行李之往来，共其乏困”，这是郑国请求秦国退兵所施予秦国的小小恩惠，既可使对方感兴趣，以权衡利弊，又不失本国尊严。一番利诱之后，烛之武就从秦晋的历史关系入手，揭示出晋文公过河折桥、忘恩负义的本质，公开挑拨秦晋两国关系，并且用发展的眼光，引导秦伯认识到晋的贪婪会给秦国带来的危险，这就使秦伯认识到晋是敌而非友，并最终和郑国结盟。这样一来，“攻守之势易矣”。烛之武一字未提郑国的利益，却成功说退秦师，充分展现了他的“辩士”形象。

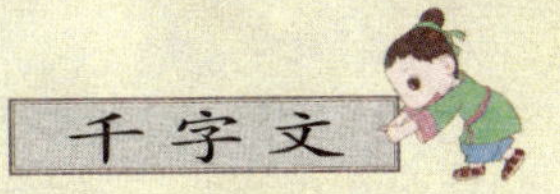

原文欣赏

huán gōng kuāng hé　jì ruò fú qīng
桓公匡合　济弱扶倾

qǐ huí hàn huì　yuè gǎn wǔ dīng
绮回汉惠　说感武丁

注释：桓公：指齐桓公。匡：匡正。倾：危难。绮：指绮里季。汉惠：指汉惠帝。说：指时任宰相的傅说。武丁：指殷商高祖武丁。

译文：齐桓公匡正了诸侯们的叛乱，汇合诸侯援助弱小和面临危难的国家。汉惠帝做太子时靠绮里季才保住帝位，商高祖武丁则被贤相傅说所感化，才励精图治。

桓公匡合　济弱扶倾
绮回汉惠　说感武丁

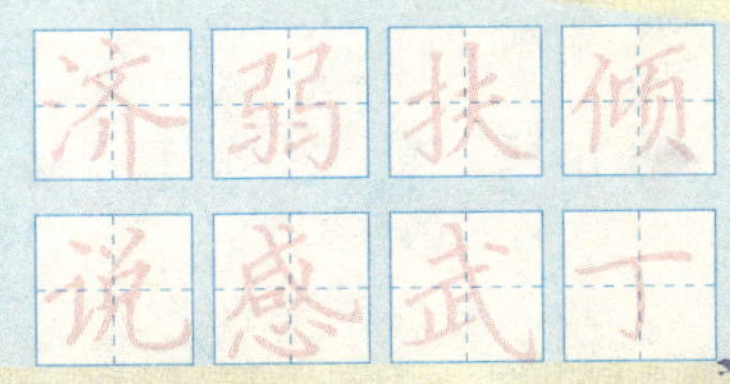

原文欣赏

jùn yì mì wù duō shì shì níng
俊乂密勿 多士寔宁

jìn chǔ gēng bà zhào wèi kùn héng
晋楚更霸 赵魏困横

注释：俊乂：才俊之士。密勿：勤奋努力。更：交替，更替。横：指张仪主张的“连横”政策。

译文：众多才俊之士治政勤奋用心，正由于有了许多这样的贤士，国家才得以安宁。晋、楚两国轮番称霸，赵、魏两国则受困于秦国的连横政策。

俊乂密勿　　多士寔宁

晋楚更霸　　赵魏困横

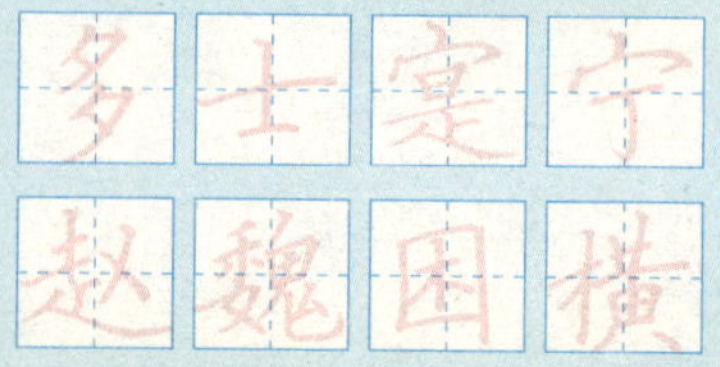

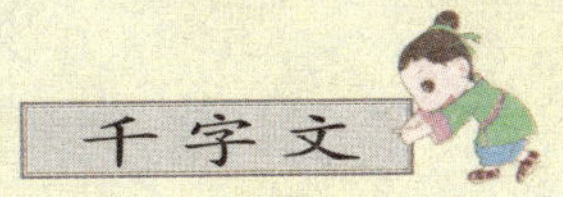

故事链接

完璧归赵

战国时期，赵国的赵惠文王得到了稀世之宝“和氏璧”。秦国的秦昭王知道后，提出用秦国的十五座城池换取“和氏璧”。

当时秦国很强盛，交换只是秦国的借口，实际上他们既想将宝玉据为己有，又不想将城池真的送给赵国。赵惠文王很苦恼。

蔺（lìn）相如知道后，要求出使秦国，并保证圆满完成任务。

相如到了秦国，献上“和氏璧”。秦王双手捧玉，喜不自胜，早把交换城池的事儿忘了。蔺相如发现秦王没有诚意，便说：“这块玉上有一点儿小毛病，让我指给您看吧。”秦王信以为真，把玉递给了他。蔺相如退到柱子边，手捧美玉，非常严厉地对秦王说：“我看您并不想交出城池，所以拿回了‘和氏璧’，您要是逼我，我就将这美玉和我的脑袋一齐撞碎在柱子上。”秦王怕美玉损坏，答应了他的要求。但蔺相如知道秦王仍然没有诚意，便悄悄派人将和氏璧送回赵国。举行交换典礼那天，蔺相如坦然地对秦王说：“或者您先交出十五座城池，交换美玉；或者您杀了我，让全天下都知道您是个不守信用的人。”秦王无奈，只好放他回国。

原文欣赏

jiǎ tú miè guó　jiàn tǔ huì méng
假途灭虢　践土会盟

hé zūn yuē fǎ　hán bì fán xíng
何遵约法　韩弊烦刑

注释：假：假借。途：道路。虢：古国名。践土：地名。何：指萧何。韩：指韩非。弊：困弊，陷于困境。烦：严酷。

译文：晋国向虞国借路准备去消灭虢国，结果把两国都消灭了；晋文公在践土与诸侯会盟，而被选为盟主。萧何遵奉汉高祖刘邦当初与百姓的约法三章制定了汉初的法律，韩非却受困于自己所制定的严酷刑法。

假途灭虢　践土会盟
何遵约法　韩弊烦刑

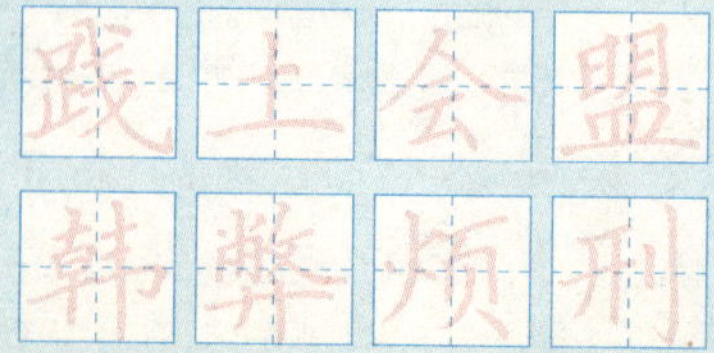

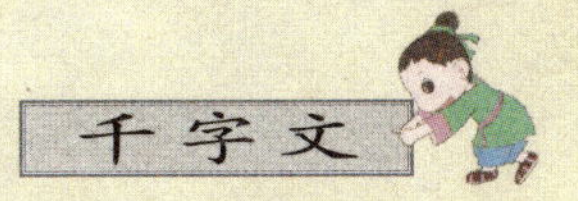

原文欣赏

qǐ jiǎn pō mù yòng jūn zuì jīng
起翦颇牧 用军最精

xuān wēi shā mò chí yù dān qīng
宣威沙漠 驰誉丹青

注释：起翦颇牧：指白起、王翦、廉颇、李牧四位大将。宣威：威名远扬。丹青：指史册。

译文：秦将白起、王翦，和赵将廉颇、李牧，四人最会用兵。他们的声威远传到边远的沙漠边地，美名永载史册。

起翦颇牧 用军最精
宣威沙漠 驰誉丹青

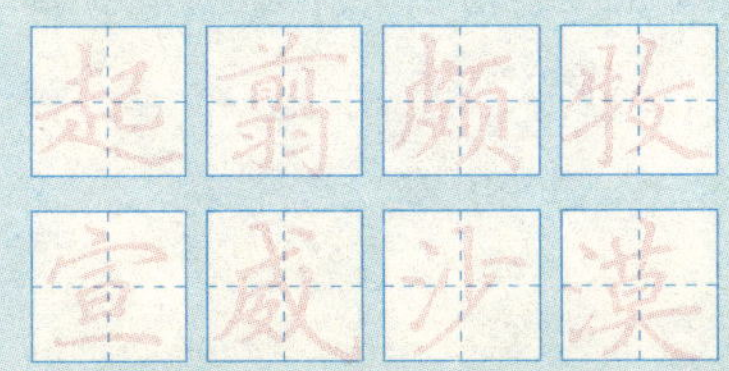

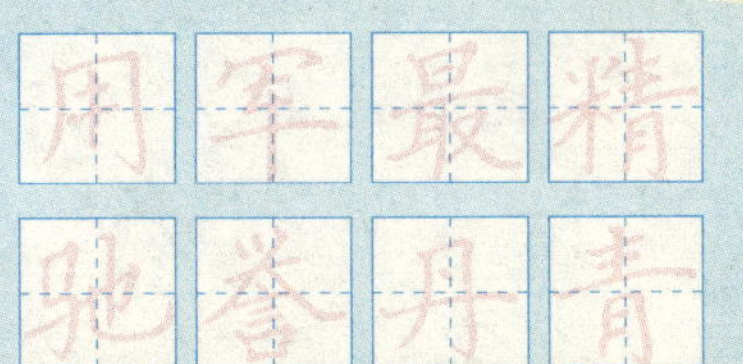

故事链接

负荆请罪

战国时期，赵国有位著名的良将叫廉颇，他战功赫赫，被拜为上卿，蔺相如“完璧归赵”有功，被封为上大夫。不久，又在渑池秦王与赵王相会的时候，维护了赵王的尊严，因此也被提升为上卿，且位在廉颇之上。廉颇对此很不服气，说：“我要是见了他，一定要羞辱他一番。”蔺相如知道后，就有意不与廉颇会面。别人以为蔺相如害怕廉颇，廉颇为此很得意。可是蔺相如却说：“我哪里会怕廉将军？不过，现在秦国倒是有点怕我们赵国，这主要是因为有廉将军和我两个人在。如果我跟他互相攻击，那只能对秦国有益。我之所以避开廉将军，是以国事为重，把私人的恩怨丢到一边！”这话传到了廉颇耳朵里，廉颇十分感动，便背着荆条来到蔺相如家请罪。他羞愧地对蔺相如说：“我真是一个糊涂人，想不到你能这样的宽宏大量！”从此以后，两个人结成誓同生死的朋友。

这个故事也称为“将相和”。世人利用这个故事，对主动向对方认错、道歉，自请严厉责罚的人，就称为“负荆请罪”。

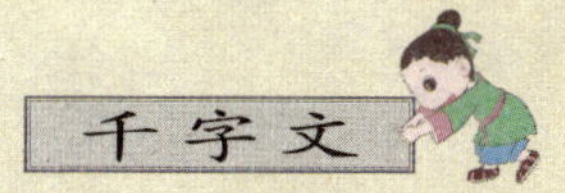

原文欣赏

jiǔ zhōu yǔ jì　bǎi jùn qín bìng
九州禹迹　百郡秦并

yuè zōng tài dài　chán zhǔ yún tíng
岳宗泰岱　禅主云亭

注释：九州：指代天下。禹迹：指大禹的足迹。并：合并，指统一。岳宗：指五岳之尊。岱：泰山的别称。云亭：指云山和亭山，都是泰山下的小山，是古代帝王举行封禅典礼的地方。

译文：华夏大地处处留有大禹治水的足迹，天下为秦而统一。五岳之中，人们最尊崇东岳泰山，古代帝王都在泰山脚下的云山和亭山举行禅礼。

九州禹迹　百郡秦并

岳宗泰岱　禅主云亭

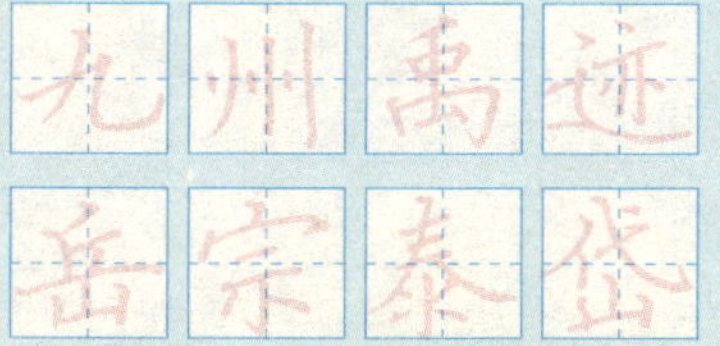

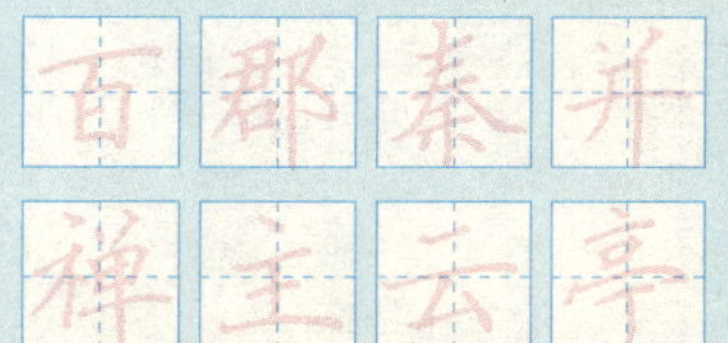

原文欣赏

yàn mén zǐ sài　jī tián chì chéng
雁门紫塞　鸡田赤城

kūn chí jié shí　jù yě dòng tíng
昆池碣石　钜野洞庭

注释：雁门：指雁门关。紫塞：指长城。鸡田：古代的驿站。赤城：古地名。昆池：指昆明的滇池。碣石：碣石山。钜野：钜野泽。洞庭：洞庭湖。

译文：天下有名的地方，有雁门关，要塞长城，驿站鸡田，奇山赤城，昆明滇池，河北碣石山，山东钜野泽，湖南的洞庭湖。

雁门紫塞　鸡田赤城
昆池碣石　钜野洞庭

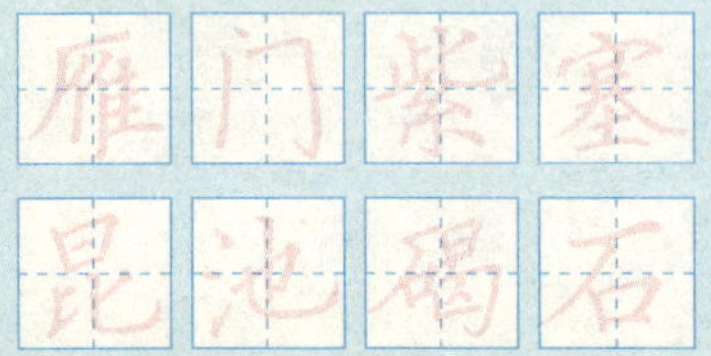

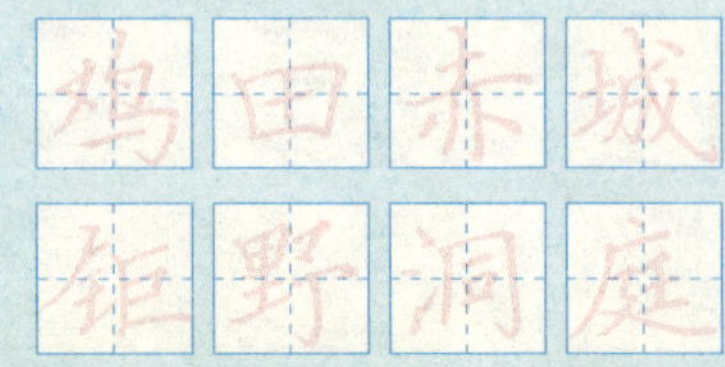

故事链接

潘季训心系黄河

潘季训，字时良，号印川，浙江乌程（今浙江吴兴县）人，是我国明代著名的水利专家，为治理黄河水患做出了卓越的贡献。他在认真总结前人经验的基础上，提出了“束水攻沙”和“蓄清刷黄”的治河方略，取得了显著成效。明代后期，潘季训四次出任河道总督。

明万历十六年（公元1588年），潘季训第四次出任河道总督，主持治理黄、淮、运三河。这一年，他已年近七十，但他仍不顾自己年老体弱，经常亲自到治黄工地巡视。有一次，他竟不顾下属劝阻，执意坐船去查看水情。小船在翻涌的浪尖上颠簸起伏，潘季训仔细地查看河水流量与缓急情况，查看两岸的堤防，并一一记录下来，获得了汛期水流的宝贵资料。

潘季训的全部注意力都放在勘察水情上。突然，小船失去了控制，被卷入一个大漩涡中，像一片树叶一样打转，眼看全船人性命毁于一旦。正在这千钧一发的危险时刻，小船卡在被大水淹没的大树之间，这才脱离了危险。上岸后，大家无不惊骇后怕，潘季训却幽默地说：“今日不虚此行，总算是亲身体验了黄河的厉害！”

潘季训一生任河道总督27年，治理黄、淮、运三河功勋卓著。另外他还著有《河防一览》《两河管见》《两河经略》等水利专著，对后世治河产生了重要影响。

原文欣赏

kuàng yuǎn mián miǎo　yán xiù yǎo míng
旷远绵邈　岩岫杳冥

zhì běn yú nóng　wù zī jià sè
治本于农　务兹稼穑

注释：绵邈：绵长深远。岩岫：岩洞。杳冥：深长、幽暗。务：做，致力。兹：这。稼穑：庄稼的收和种。

译文：天下之大，广阔无边。山石之间幽深秀丽。治国的根本在于重视农业之发展，做好播种和收获这些事务。

书法练习

旷远绵邈　岩岫杳冥
治本于农　务兹稼穑

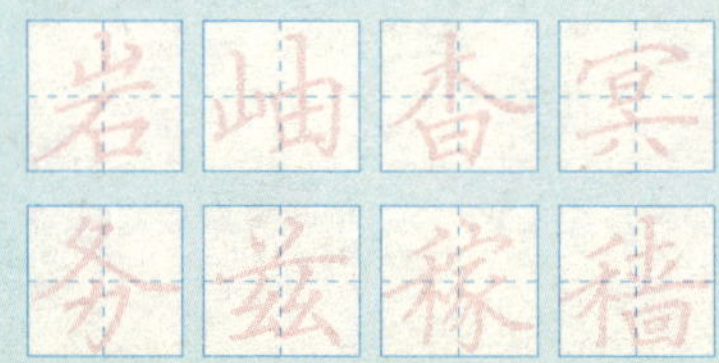

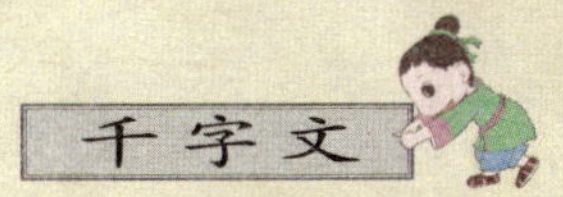

原文欣赏

chù zài nán mǔ　wǒ yì shǔ jì
俶载南亩　我艺黍稷

shuì shú gòng xīn　quàn shǎng chù zhì
税熟贡新　劝赏黜陟

注释：俶载：指做事的开端。南亩：田地。艺：技艺。黍稷：指代五谷粮食。税：收税。贡：指交贡。黜陟：指罢免和升迁。

译文：农事要从田地开始做起，春季时播种上五谷杂粮，到了收获季节，用刚收获的粮食去交纳税粮，各府衙应按每户的贡献表现给予适当的奖励和处罚。

俶载南亩　我艺黍稷
税熟贡新　劝赏黜陟

俶载南亩　我艺黍稷
税熟贡新　劝赏黜陟

名师点拨

这句话告诉我们，做事要有条理、先后，讲究规律。对待现在的孩子，教育也应该这样。由于孩子小，对事物的认知和辨别都很模糊，作为孩子的家长或老师，让他们去做一件事时，应该告诉他（她）正确的先后顺序，而不是无头绪地去做；否则做了也是乱糟糟一团。对于表现不错的孩子应给予表扬和鼓励；表现不好的也要进行指正，下一次他会做得很好。

国学点睛

中国的烹饪技术在世界上也是赫赫有名的。中国菜已经历了四五千年的发展历史。它由历代宫廷菜、官府菜及各地方菜系所组成，主体是各地方名菜。其高超的烹饪技艺和丰富的文化内涵，堪称世界一流。

中国烹饪文化具有独特的民族特色和浓郁的东方魅力，主要表现为以味的享受为核心、以饮食养生为目的的和谐与统一。

中国的烹饪艺术是在烹饪历史发展过程中，逐渐形成、发展并丰富起来的，具有实用目的与审美价值紧密相连的特点。如陶制炊器的器形从实用需要设计出发，本意为放置平稳，受热均匀，但却给人以对称、均衡美的感受。陶器、铜器、铁器的不断演进，不仅是对工艺、性能方面的改进，还包含着追求形式美的意图。随着物质生产的发展和社会生活的进步，烹饪越来越具有审美性质，直至发展成为实用与审美并重的各种花色造型菜点及丰盛华丽的筵席。中国烹饪艺术虽然受到烹饪原料、烹饪技术、食品实用功能等因素的制约，具有相对的局限性，但它与其他艺术种类相比较，却有自己的艺术特点，即融绘画、雕塑、装饰、园林等艺术形式于一体。

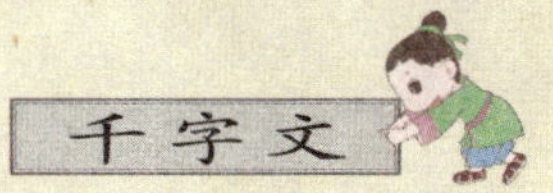

故事链接

君主帝尧

尧是一位热爱人民的好君主，他俭朴和善，爱民如子。尧做君主之后，一直没有宫殿，大臣们都建议他修一座殿堂，尧却说："现在百姓还很苦，我怎么能独享其乐，就用茅草来盖吧。"建成的殿堂十分简陋，连平民百姓的房子都不如。尧平时穿粗麻布衣，天冷了就加一件鹿皮挡风。他使用的器皿也是一般的土碗，连守门的小官日子也比尧过得好些。

百姓生活有难，尧就忧心如焚。如果国中有一个人没有衣服穿，没有饭吃，尧就一定会说："是我使他穿不上衣服吃不饱肚子的。"如果有一个人犯罪，他就会说："是我害他陷入罪恶深渊的。"他就是这样，把一切责任担在自己身上，严己宽人，因此国中的百姓也像爱自己的父母一样深爱着自己的国君尧。尧的仁爱不断传到天帝耳中，天帝被他的仁慈感动，因此在他统治的一百年中，不断降吉祥给尧，像喂马的草料变成了稻子、凤飞到天井里来等等，大概都是由于他的德化所致吧。

原文欣赏

mèng kē dūn sù　shǐ yú bǐng zhí
孟轲敦素　史鱼秉直

shù jǐ zhōng yōng　láo qiān jǐn chì
庶几中庸　劳谦谨敕

注释：孟轲：即孟子。敦：崇尚。素：指自然本色。史鱼：春秋时卫国的史官。秉直：正直。庶几：相差不大，近乎。中庸：指儒家提倡的中正之道。敕：为戒，警戒。

译文：孟子崇尚纯真自然的本色，史官子鱼性情刚正。为人处事应合乎中庸之道，做到勤奋、谦逊、谨慎，并懂得时时警戒自己。

书法练习

孟轲敦素　史鱼秉直
庶几中庸　劳谦谨敕

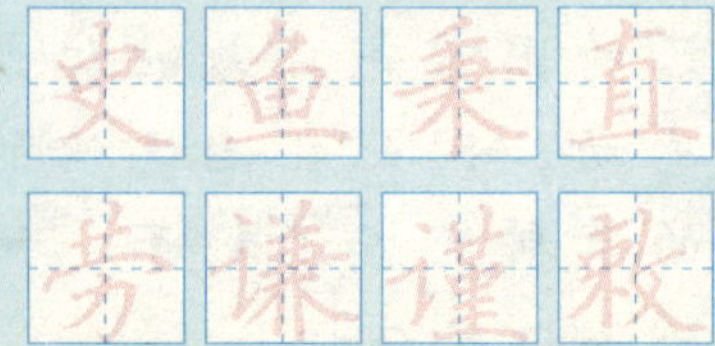

原文欣赏

líng yīn chá lǐ　jiàn mào biàn sè
聆音察理　鉴貌辨色

yí jué jiā yóu　miǎn qí zhī zhí
贻厥嘉猷　勉其祗植

注释：聆：聆听。察：审查。鉴：观看。贻：遗留。厥：语气词。嘉猷：指好的建议、方法。祗：恭敬。植：建立。

译文：听人说话要审察其中的是非道理，看人容貌要辨别其邪正。要给子孙留下正确的忠告建议，勉励他们要谨慎小心地立身处世。

聆音察理　鉴貌辨色
贻厥嘉猷　勉其祗植

聆音察理　鉴貌辨色
贻厥嘉猷　勉其祗植

故事链接

庄子见魏惠王

庄子在宋国期间，曾经做过管理漆园的小官。这个差事很辛苦，薪水不多，琐事和烦恼却不少。一气之下庄子辞去了官职，住在穷街陋巷里，靠做鞋为生。他看破功名，不屑利禄，一直过着节衣缩食的贫苦生活。

后来，庄子来到大梁，住在惠施的相府里，经常和惠施谈天论道，探讨着天地人生的道理。可是，他依然过着简朴的生活，穿着打补丁的粗布陋衣，鞋子破得提不起来，就用草绳拴在脚脖上。可是，他对此并不在意。只是把衣服的好坏，看作是人的外表与皮毛。

一次，庄子去见魏惠王。魏惠王见他这副模样，觉得很好奇，忍不住问道："先生，你怎么这样潦倒呀？"庄子却回答说："这是贫困，而不是潦倒。读书人有理想而不能实现，才可谓潦倒；衣服破了，鞋子烂了，只不过是贫困而已，不能叫做潦倒呀！魏王你见过那些在树上跳跃的猴子吗？它们在高大的树上翻来跳去，逍遥自在，就连神射手都奈何不了它们。可是，如果它们在荆棘丛中，就只能小心翼翼，不敢乱跑乱跳了。这并不是因为它们的筋骨变硬，不像以前那样灵活了，而是生存环境太恶劣，使它们不能很好地施展出自己的技能。当今这个时代，君主昏庸，大臣残暴，我生不逢时，就像处在荆棘丛中的猴子啊。"一席话说得魏惠王和在场群僚，面面相觑，无言可对。

人如果身处乱世的时候，就像荆棘丛中的猴子，被束缚住了手脚。但是，真正的仁人志士，并不惧怕生活上的贫困，怕的是精神上的潦倒，意志上的衰颓。

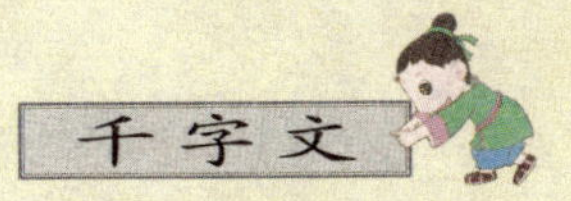

原文欣赏

xǐng gōng jī jiè chǒng zēng kàng jí
省躬讥诫 宠增抗极

dài rǔ jìn chǐ lín gāo xìng jí
殆辱近耻 林皋幸即

注释：省：反省。躬：亲身。讥：讥讽、讥笑。宠：荣耀。抗：反面。殆：近。皋：水边高地。幸：幸运。

译文：听到别人的讥讽嘲笑，规劝批评，要进行自我反省，有则改之，无则加勉。荣耀和恩宠过多或过高容易招致灾祸。预感到危险、耻辱的事将要来临时，归隐山林避免灾祸，便是大幸了。

省躬讥诫 宠增抗极
殆辱近耻 林皋幸即

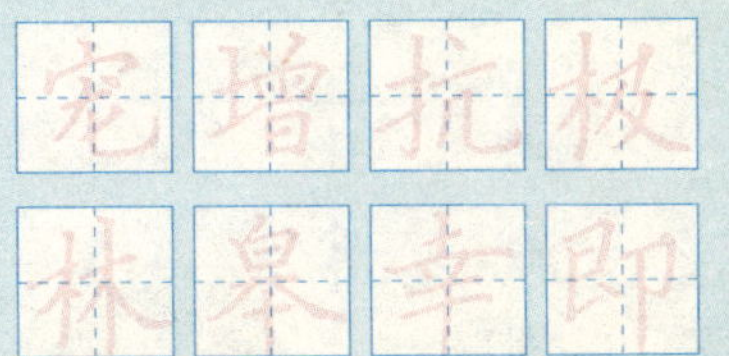

原文欣赏

liǎng shū jiàn jī　jiě zǔ shuí bī
两疏见机　解组谁逼

suǒ jū xián chù　chén mò jì liáo
索居闲处　沉默寂寥

注释：两疏：指疏广、疏受。机：时机。解组：指辞官之意。索居：即独居。寂寥：寂寞而宁静。

译文：疏广疏受两位高官，看准时机而辞官，哪里有谁逼迫？离群独居，悠闲自在，整天享受清静而无烦忧。

两疏见机　解组谁逼
索居闲处　沉默寂寥

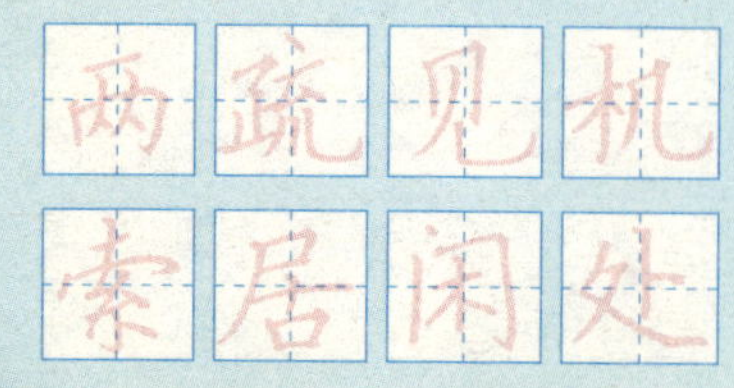

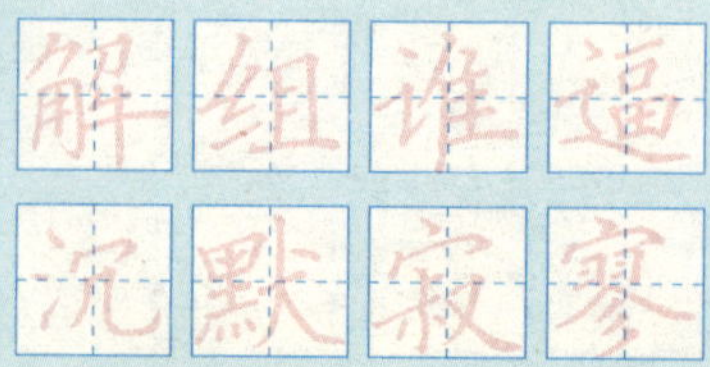

故事链接

黄庭坚孝母

黄庭坚，洪州分宁县人，北宋时期著名的诗人、词人、书法家。字鲁直，号山谷道人，又称豫章黄先生。

黄庭坚勤奋好学，二十三岁考中了进士，元祐年间，做了“太史”官。他文学艺术造诣极高，为后世留下了许多佳作。而且他还十分孝顺父母，从小到大，对父母吩咐的事，他从来都没有推辞拒绝过。

黄庭坚做“太史”时，公务十分繁忙。虽然家里也有仆人，但他仍不辞劳苦亲自照顾母亲的生活起居，从不懈怠。他忙完公事后，立即来到母亲身边，精心侍候母亲，力争事事都做到让母亲欢心满意。

母亲特别讲究卫生，而那时候房子里没有卫生间，所以为了方便夜里如厕，人们通常在室内准备一个应急的便桶。黄庭坚为了让年迈的母亲身心舒适，避免母亲因仆人未清洗干净便桶而心生烦恼，他坚持每天为母亲刷洗便桶，数十年如一日，从不间断。

黄庭坚的做法引起了一些人的好奇和不解。有人问他：“您身为高贵的朝廷命官，家中又有那么多的仆人，为什么还要亲自来做这些杂细的事务，甚至还做刷洗母亲便桶这样卑微的事情呢？”

黄庭坚回答说：“孝顺父母是我的本分，同自己的身份地位没有任何关系，怎能让仆人去代劳呢？再说孝敬父母的事情是出自儿女对父母至诚至真的感恩，又怎么会有高贵与卑贱的分别呢？”

原文欣赏

qiú gǔ xún lùn　sàn lǜ xiāo yáo
求古寻论　散虑逍遥

xīn zòu lěi qiǎn　qì xiè huān zhāo
欣奏累遣　戚谢欢招

▶注释：散虑：驱散忧虑。欣：欢悦。遣：赶走。戚：悲戚。谢：断绝。

▶译文：探求古人的道理，可以驱散忧虑，逍遥自得。走近快乐，赶走烦忧，断绝悲忧之事，独与欢乐相伴。

求古寻论　散虑逍遥
欣奏累遣　戚谢欢招

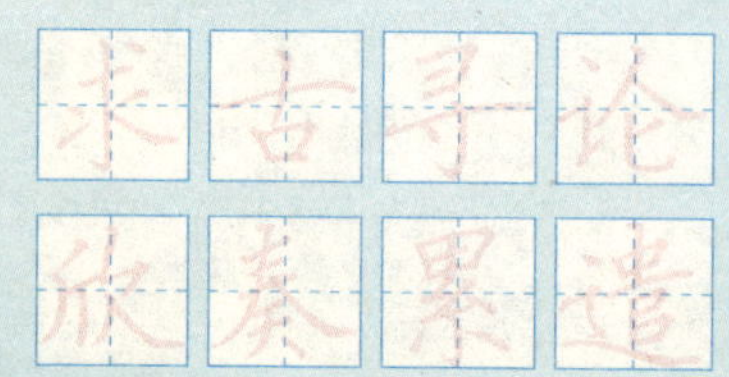

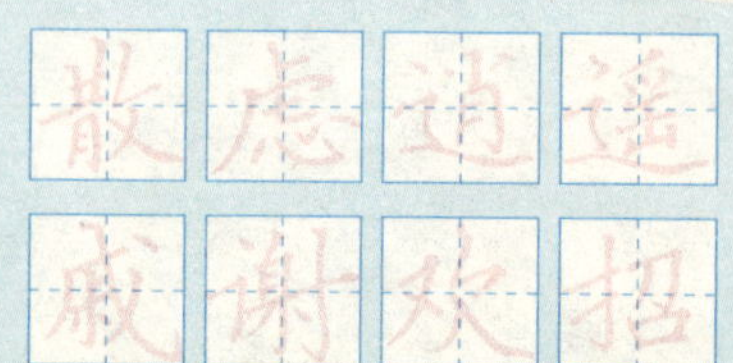

原文欣赏

qú hé dì lì　yuán mǎng chōu tiáo
渠荷的历　园莽抽条

pí pá wǎn cuì　wú tóng zǎo diāo
枇杷晚翠　梧桐蚤凋

▷ 注释：渠：池塘。的历：形容鲜艳的样子。莽：即草。抽条：指生出新枝或发芽。枇杷：枇杷树。晚翠：指秋季落叶之时仍是绿的。蚤：同“早”。

▷ 译文：池塘里的荷花开得鲜艳非常，园中的草木已经生出了嫩枝。枇杷树到了晚秋时节，叶子还是绿的，而梧桐树叶在初秋时就早早地开始凋谢了。

渠荷的历　园莽抽条
枇杷晚翠　梧桐蚤凋

渠	荷	的	历		园	莽	抽	条
枇	杷	晚	翠		梧	桐	蚤	凋

故事链接

玫瑰和不凋花

传说有一种花，它永远都开放，从不凋谢，人们叫它不凋花。一棵不凋花和玫瑰花一起被种在花园里，春天来了，玫瑰花开了，引来不少的人前来参观。

一天，不凋花对玫瑰说："玫瑰花，你多么漂亮呀，上帝给了你美丽的花朵和迷人的芳香，人们多喜欢你呀，写了那么多的诗来赞美你，我真是羡慕死了。"玫瑰听了以后，回答说："亲爱的不凋花，你看到我的美丽其实只有很短的时间，纵然躲过去被摘走的命运，我也很快就凋谢了。而你却能永远开放，永不凋谢，一直都是生机勃勃，我才是真正地羡慕你呀！"这个故事说明：长久的存在比辉煌一时只拥有短暂的美丽更让人向往。

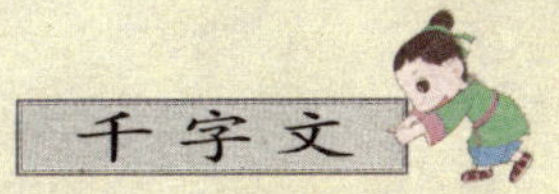

原文欣赏

chén gēn wěi yì　　luò yè piāo yáo
陈根委翳　落叶飘摇

yóu kūn dú yùn　　líng mó jiàng xiāo
游鹍独运　凌摩绛霄

注释：陈：老的，时间久的。委翳：曲折绵延。鹍：鲲鹏，传说中的一种大鸟。运：指飞翔。凌摩：凌空接触到。绛霄：九霄之一，指极高的空中。

译文：古老的树根蜿蜒深长，落叶随风飘摇。一只鲲鹏独自展翅高飞，直冲九霄。

陈根委翳　落叶飘摇
游鹍独运　凌摩绛霄

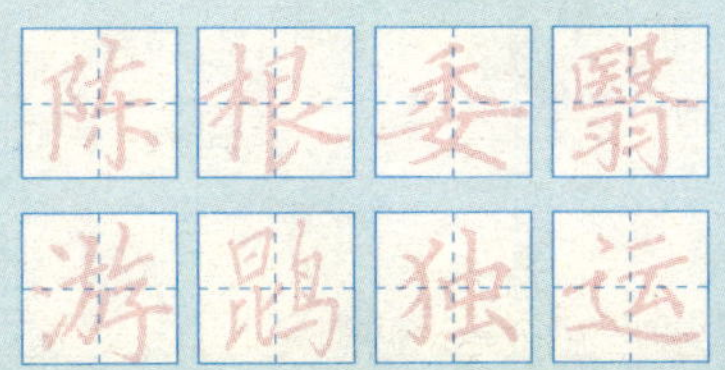

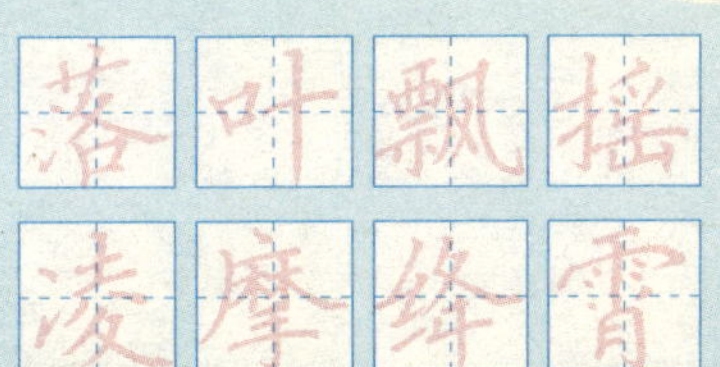

原文欣赏

dān dú wán shì　yù mù náng xiāng
耽读玩市　寓目囊箱

yì yóu yōu wèi　shǔ ěr yuán qiáng
易輶攸畏　属耳垣墙

▶注释：耽：沉迷。寓目：过目。囊箱：指用以装书的箱子、袋子。輶：轻视。攸：听。属耳：把耳朵贴在墙上听。垣：墙。

▶译文：汉代的王充沉迷于读书，即使在街市上，他也总是盯着盛书的口袋和箱子。与人说话应小心谨慎，不可大意，留心隔墙有耳。

耽读玩市　　寓目囊箱

易輶攸畏　　属耳垣墙

耽读玩市
易輶攸畏

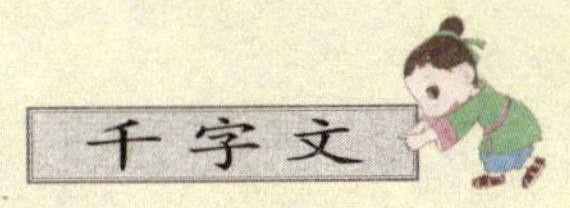

故事链接

妙手回春的华佗

华佗字元化，又名旉，汉末沛国谯（今安徽亳县）人，著名医学家。他年少时曾在外游学，钻研医术而不求仕途。他擅长外科，精于手术，被后人称为“外科圣手”、“外科鼻祖”。

三国初期，关羽到樊城攻打曹操，右臂被毒箭射中。后来，伤口渐渐肿大，十分疼痛，不能动弹。经名医多方诊治，但始终无效。正当他愁眉不展的时候，部下前来报告说医生华佗要进见。关羽欣喜地说：“快请进帐来！”

华佗进来后，关羽说：“久闻医生医术高明，今日您若能治好我的右臂，我将不胜感激。”

华佗说：“我正是来为您治病的。治好右臂的办法倒是有，但我就是怕您忍受不了疼痛。”关羽听后大笑：“我久经沙场出生入死，千军万马尚且不怕，这点小疼痛对我来说算得了什么！”

华伦说：“您中的箭是乌头毒箭，现在毒已入骨。我准备在房梁上钉一个铁环，把您的右臂伸进铁环中去，再把您的眼睛蒙上，然后给您动手术。”关羽说：“不用什么铁环，你就给我治吧！”

翌日，关羽设宴犒劳华佗。饮宴完毕，关羽一边和谋士对弈，一边袒胸伸出右臂。华佗抽出消过毒的尖刀，割开关羽的胳膊，骨头已变成青色。他用刀“咔嚓咔嚓”地将骨头上的箭毒刮净，而后缝合复原，敷上药，包扎好。关羽满头大汗，疼痛难忍。不过手术后，箭毒已除，伤口很快消肿，慢慢复原。关羽大赞华佗妙手回春。而关羽表现出的坚强与勇敢也为人们历代所传颂。

原文欣赏

jù shàn cān fàn　shì kǒu chōng cháng
具膳餐饭　适口充肠

bǎo yù pēng zǎi　jī yàn zāo kāng
饱饫烹宰　饥厌糟糠

注释：具膳：准备饭菜。充肠：充饥。饫：厌恶。烹宰：指各种荤食。厌：指已吃饱。

译文：准备每天的膳食，要适合大家的口味，让人能够吃饱。吃饱了，即使再有大鱼大肉也不会有太大的食欲，而饥饿之时，纵使是粗菜淡饭也能满足。

书法练习

具膳餐饭　适口充肠
饱饫烹宰　饥厌糟糠

具膳餐饭　适口充肠
饱饫烹宰　饥厌糟糠

原文欣赏

qīn qī gù jiù　lǎo shào yì liáng
亲戚故旧　老少异粮

qiè yù jì fǎng　shì jīn wéi fáng
妾御绩纺　侍巾帷房

▶注释：异：不同。御：从事。帷房：里面的卧房。

▶译文：款待亲朋故友时，应对老人、小孩的食物加以区分。姬妾要从事纺织的工作，还要在内室服侍丈夫。

书法练习

亲戚故旧　老少异粮
妾御绩纺　侍巾帷房

亲戚故旧　老少异粮
妾御绩纺　侍巾帷房

故事链接

贾思勰与《齐民要术》

贾思勰致力于农学研究，并对河南、河北、山西、山东等地进行了实地考察。考察回来后，他又亲自参加农业和畜牧业劳动，积累了丰富的社会实践经验。

为了掌握养羊的经验，他专门买了二百头羊，自己养了起来。刚开始不知道羊吃多少饲料，给羊的食物较少，因此羊饿死了一半。为了使羊的饲料丰沛，他又种了二十亩大豆，这样羊就有吃的了，但还是死了不少。于是他向一个很会养羊的羊倌请教。羊倌很有耐心地教他垒羊圈、喂饲料、打扫卫生、配种等，贾思勰一点也不敢含糊。很快，他的羊群队伍就壮大了。他也归纳总结出了一套养羊的程序。

对于种地，贾思勰更是不辞辛苦。他住在老农的窝棚里，虚心向老农求教。如何犁地、选种、下种、施肥、管理等。并实地考察土质对庄稼的影响。他还亲自种起地来，从中体会老农们的方法哪些中用，哪些不妥，并把它们一一记录出来。

《齐民要术》对农业生产中每个环节的操作都进行了详细的介绍。书中不仅指出平整土地的重要意义，还讲述了耕地分春、夏、秋、冬的耕作，讲究深、浅，注意初、转、纵、横、顺、逆等，要因时制宜、因地制宜。《齐民要术》中还提到了多种办法，像轮种、套种等。通过不同作物的轮换栽种，或几种作物的同时栽种，充分利用土地中的养分，使土地得到充分的利用。这对中国封建社会的经济发展有重要意义。

原文欣赏

wán shàn yuán jié　yín zhú wěi huáng
纨扇圆洁　银烛炜煌

zhòu mián xī mèi　lán sǔn xiàng chuáng
昼眠夕寐　蓝笋象床

注释： 纨扇：指绢扇。炜煌：形容非常明亮。昼：白天。寐：指睡觉。蓝笋象床：指靛青染过的笋席和象牙装饰的床。

译文： 绢扇像满月一样圆洁，银色的烛台上烛火十分明亮。白天在笋席上午休，晚上在象牙装饰的床榻上睡觉。

纨扇圆洁　　银烛炜煌
昼眠夕寐　　蓝笋象床

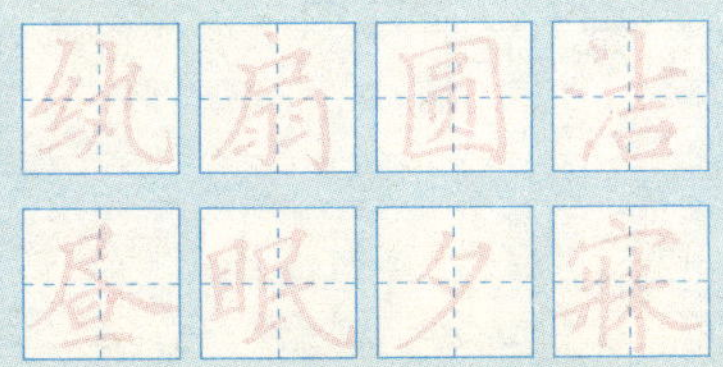

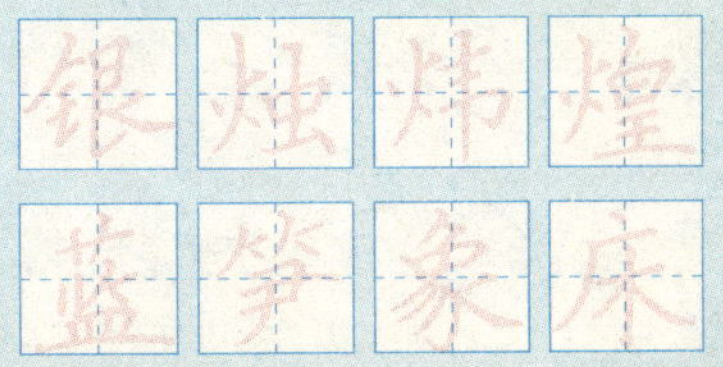

原文欣赏

xián gē jiǔ yàn　jiē bēi jǔ shāng
弦歌酒宴　接杯举觞

jiǎo shǒu dùn zú　yuè yù qiě kāng
矫手顿足　悦豫且康

▶注释：觞：酒杯。矫：举起。悦豫：欢悦。康：安乐。

▶译文：一边奏乐，一边唱歌，摆酒开宴。碰杯敬酒，时而举起酒杯，开怀畅饮。情不自禁地手舞足蹈起来，真是快乐而又安康。

弦歌酒宴　接杯举殇
矫手顿足　悦豫且康

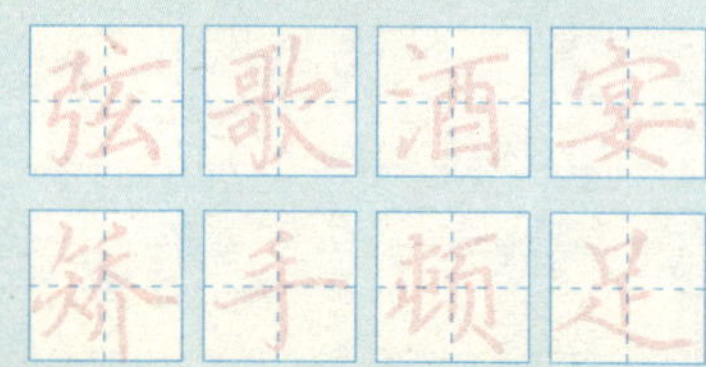

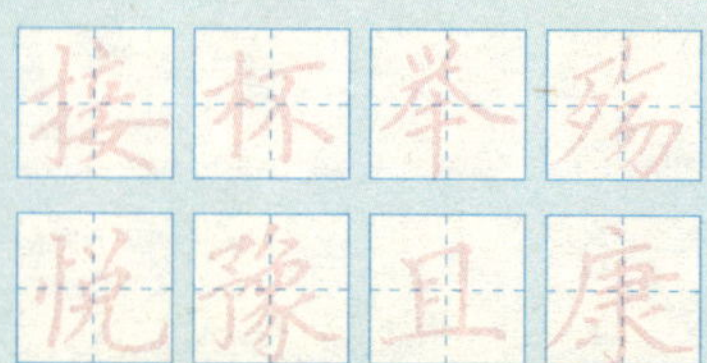

故事链接

劝谏要善

汉朝时期有一个读书人名叫郑君，他看到哥哥在当官的时候，收人家的贿赂，但他是弟弟，不能指着哥哥骂，那样做哥哥肯定也不能接受。于是，自己花了一年的时间去给人家当仆人，把赚来的钱送给哥哥。

他说：“哥哥啊，我们没有钱，可以再去赚，但是人的名誉一旦失去了，可能一辈子都会失掉。”他哥哥知道弟弟为了规劝他，竟肯低三下四地给人家当苦工，他这份规劝哥哥的心意，让哥哥很是感动。

从此，哥哥做官奉公守法、廉洁自律！

原文欣赏

dí hòu sì xù　jì sì zhēng cháng
嫡后嗣续　祭祀烝尝

jī sǎng zài bài　sǒng jù kǒng huáng
稽颡再拜　悚惧恐惶

注释： 嫡：正妻所生。嗣：继承。烝尝：分别指冬祭和夏祭。稽颡：屈膝下跪，额头着地。悚：害怕。

译文： 子孙世代传续，一年中的祭祀典礼不可少。祭祀时不可懈怠。跪下磕头，头要着地，心中要有敬畏、虔诚之心。

嫡后嗣续　　祭祀烝尝
稽颡再拜　　悚惧恐惶

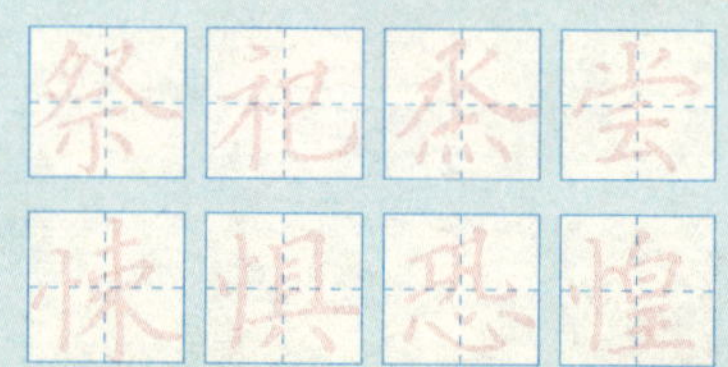

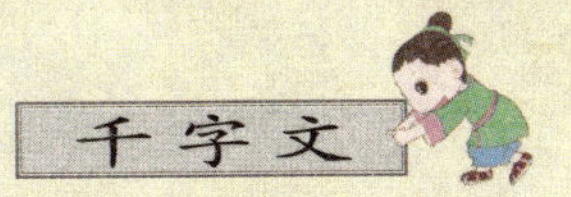

原文欣赏

jiān dié jiǎn yào　gù dá shěn xiáng

笺牒简要　顾答审详

hái gòu xiǎng yù　zhí rè yuàn liáng

骸垢想浴　执热愿凉

▷注释：笺牒：文书、书信。顾答：回复、回答。骸：身体。垢：污垢。执：拿着。

▷译文：写书信时要简明扼要，答复别人时要审慎周详。身上脏了就会想洗澡，拿着很热的东西，就希望它能尽快变凉。

笺牒简要　顾答审详

骸垢想浴　执热愿凉

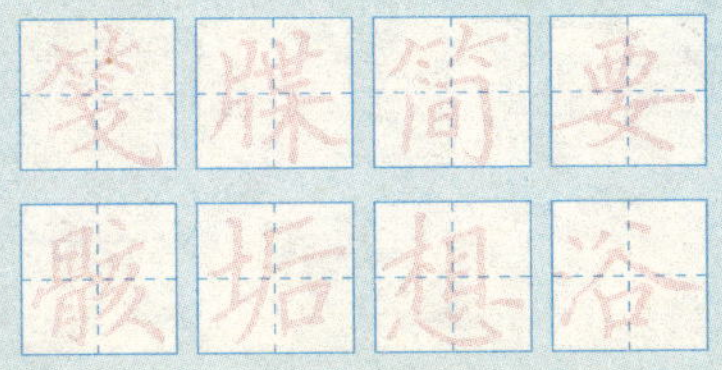

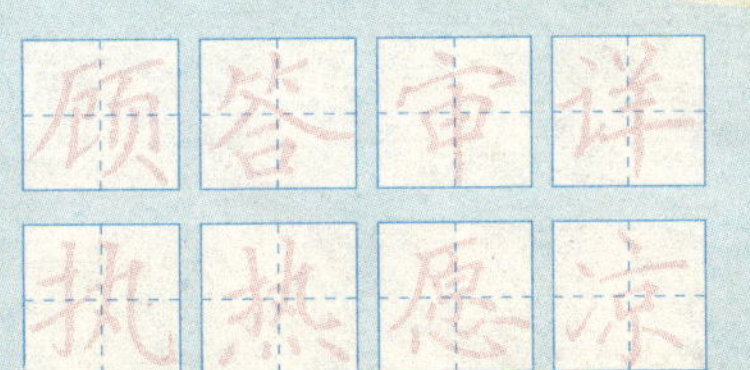

故事链接

洗澡的孩子

有一条河，河水很深，而且特别急，河里的杂草也多，人进了河里很危险。一天，一个调皮的孩子不听大人的劝告，偷偷到河里洗澡。可是他刚进河里，脚就被水草缠住了，水又急，他根本控制不住自己，就大声叫救命。刚好河边过来一个邻居。邻居见到小孩子在河里挣扎，就大声地斥责他："你这个孩子，河水这么急，这么危险，你的父母也常常告诉你不要到河里洗澡，你却不听话，自己偷偷到河里去……"邻居说个不停。小孩在河里说："叔叔，请你先把我从河里拉上去，上了岸再打我、骂我都行！"小孩话刚说完，就沉到河里去了。

这个故事说明：在别人危难的时候，只是劝告、责骂，而不去帮助别人摆脱危难，是没有用的。

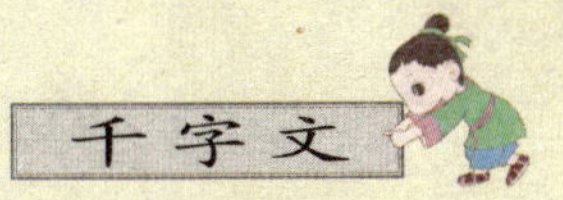

原文欣赏

lǘ luó dú tè　hài yuè chāo xiāng

驴骡犊特　骇跃超骧

zhū zhǎn zéi dào　bǔ huò pàn wáng

诛斩贼盗　捕获叛亡

注释：骡：骡子。犊：小牛。特：公牛。骇：惊骇、惊吓。骧：指马抬起头快跑。诛：诛杀。

译文：驴子、骡子、牛、马等牲口一旦受到惊吓，就会表现得烦躁不安，不停地跳跃，东奔西跑。直到诛杀了盗贼，捕获了作恶的亡命之徒，一切才又复归平静。

书法练习

驴骡犊特　骇跃超骧
诛斩贼盗　捕获叛亡

驴骡犊特　骇跃超骧
诛斩贼盗　捕获叛亡

古代的一些称谓

(1)百姓的称谓。常见的有布衣、黔首、黎民、生民、庶民、黎庶、苍生、黎元、氓等。

(2)职业的称谓。对一些以技艺为职业的人，称呼时常在其名前面加一个表示他的职业的字眼，让人一看就知道这人的职业身份。如《庖丁解牛》中的“庖丁”，“丁”是名，“庖”是厨师，表明职业。《师说》中的“师襄”和《群英会蒋干中计》中提到的“师旷”，“师”，意为乐师，表明职业。《柳敬亭传》中的“优孟”，是指名叫“孟”的艺人。“优”，亦称优伶、伶人，古代用以称以乐舞戏谑为职业的艺人，后亦称戏曲演员。

(3)不同的朋友关系之间的称谓。贫贱而地位低下时结交的朋友叫“贫贱之交”；情谊契合、亲如兄弟的朋友叫“金兰之交”；同生死、共患难的朋友叫“刎颈之交”；在遇到磨难时结成的朋友叫“患难之交”；情投意合、友谊深厚的朋友叫“莫逆之交”；从小一块儿长大的异性好朋友叫“竹马之交”；以平民身份相交往的朋友叫“布衣之交”；辈份不同、年龄相差较大的朋友叫“忘年交”；不拘于身份、形迹的朋友叫“忘形交”；不因贵贱的变化而改变深厚友情的朋友叫“车笠交”；在道义上彼此支持的朋友叫“君子交”；心意相投、相知很深的朋友叫“神交”(“神交”也指彼此慕名而未见过面的朋友)。

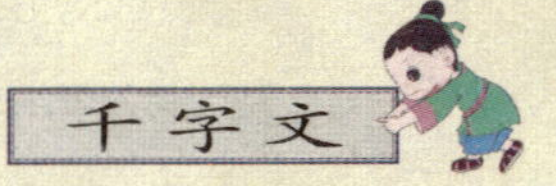

原文欣赏

bù shè liáo wán jī qín ruǎn xiāo
布射僚丸 嵇琴阮箫

tián bǐ lún zhǐ jūn qiǎo rén diào
恬笔伦纸 钧巧任钓

▶注释：布：指吕布。僚：指宜僚。嵇：嵇康。阮：阮籍。箫；指吹箫。恬：蒙恬。伦：蔡伦。钧：马钧。任：任公子。

▶译文：吕布善于射箭，宜僚善玩弹丸，嵇康善于弹琴，阮籍善于吹箫。蒙恬制造了毛笔，蔡伦发明了纸张，马钧发明了指南针和水车，任公子善于钓大鱼。

布射僚丸　　嵇琴阮箫
恬笔伦纸　　钧巧任钓

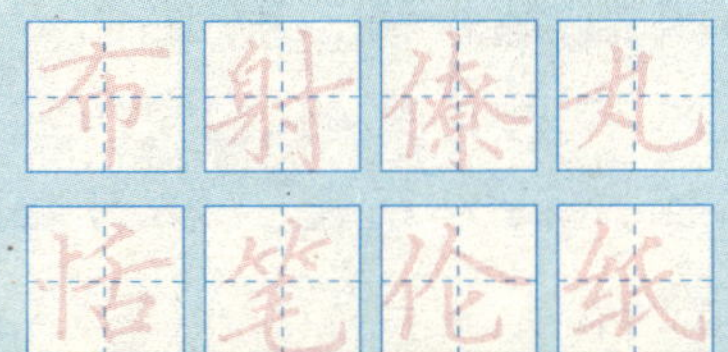

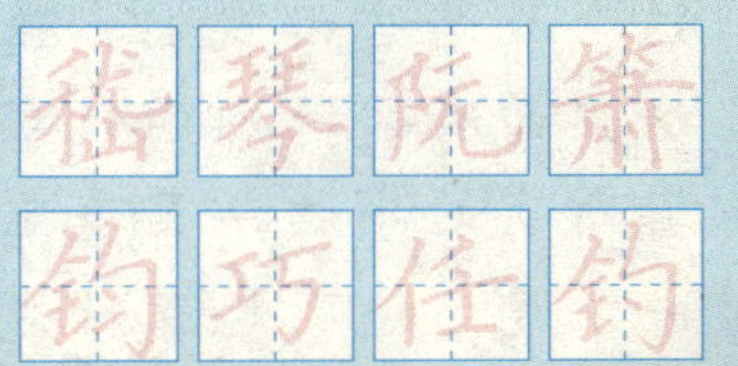

故事链接

塞翁失马

在边塞要冲的地方，住着一位乐天知命的人，人称塞翁。有一天，他的马不知什么原因跑了，好久都没有找到。家里人都为丢了马而着急，邻居们也纷纷前来安慰他。可他却说：“说不定这还是我的福分呢！”过了好几个月，那匹马突然回来了，还带回来一匹骏马。人们听说这件事后，纷纷跑来祝贺：“恭喜你呀，不但没丢马，还得到了另外一匹骏马。”这个塞翁平静地说：“能得到这匹骏马当然是一件好事，但也不见得就不是一件祸事。”他的儿子喜欢骑马，得到那匹骏马后，非常高兴，马上拉出去骑。谁知这匹马的性子暴烈，人刚上去，就被它摔了下来，把腿摔断了。

塞翁儿子摔断了腿，大家都来向塞翁表示慰问，并佩服他先前的预见。可是塞翁却平静地说：“腿摔断了的确非常痛苦，但也不见得就不是一件好事。”

过了一段时间，远方的部落侵略到他们这里，青壮年都应征去打仗了。战争拖了很长时间，去打仗的人差不多都死光了，而他的儿子却因为腿摔断了，没有去前线打仗，保住了性命。

这个故事告诉我们：生活中福里隐藏着祸，祸里也存在着福，这里面有着深刻的哲理。后人用“塞翁失马，焉知非福”来形容所有的事物都具有它的两面性，福为祸生，祸为福至。失望时不要悲观，欢喜时应预见到挫折。

原文欣赏

shì fēn lì sú　bìng jiē jiā miào

释纷利俗　并皆佳妙

máo shī shū zī　gōng pín yán xiào

毛施淑姿　工颦妍笑

注释： 释纷：解除纠纷。毛施：指美女毛嫱、西施。工：善。颦：皱眉。妍：美丽。

译文： 为人解除纠纷或是给人带来便利都是非常好的事情。毛嫱和西施是有名的美女，她们姿容娇美，即使是皱着眉头，也像笑时一样美丽动人。

释纷利俗　　并皆佳妙

毛施淑姿　　工颦妍笑

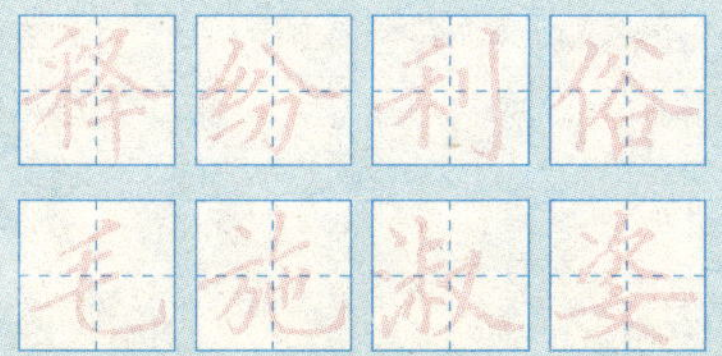

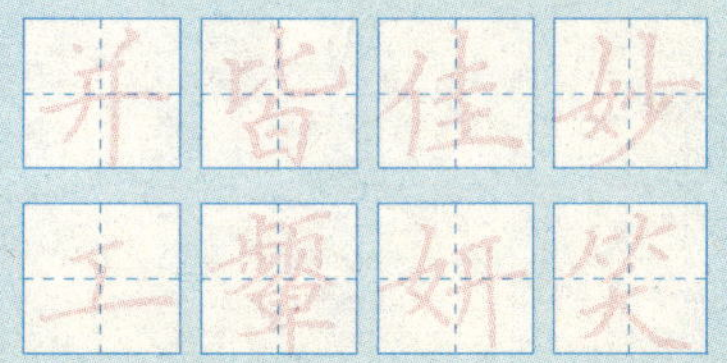

原文欣赏

niánshǐměicuī　xīhuīlǎngyào
年矢每催　曦晖朗曜

xuánjīxuánwò　huìpòhuánzhào
璇玑悬斡　晦魄环照

▶注释：矢：箭。每催：频频催促。曦、晖：指日光。曜：照耀。璇玑：古代称北斗星的第一星至第四星。斡：旋转。晦魄：指月初和月末时的月光。

▶译文：光阴易逝，岁月催人。只有太阳的光辉永远照耀着大地。北斗星随着四季更替而转动着方位，明晦的月光洒遍大地的各个角落。

年矢每催　曦晖朗曜
璇玑悬斡　晦魄环照

年矢每催　曦晖朗曜
璇玑悬斡　晦魄环照

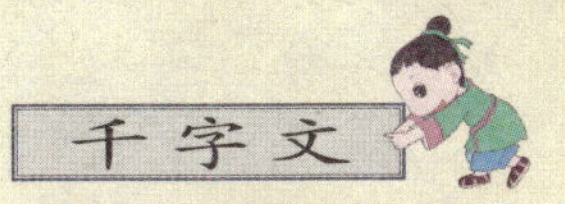

故事链接

忠贞爱国的女子

春秋战国时期，西施出生在浙江诸暨苎萝村。她天生丽质，与杨贵妃、王昭君、貂蝉并称为中国古代四大美女，其中西施居首，是美的化身和代名词。

当时越国被吴国占领，越王勾践为了复国，卧薪尝胆。在国难当头之际，西施忍辱负重，以身许国，与郑旦一起由越王勾践献给吴王夫差，成为吴王最宠爱的妃子。后来她把吴王迷惑得众叛亲离，无心国事，为勾践的东山再起，起了很好的掩护作用。也表现了一个爱国女子的高尚思想情操。后来吴国终被勾践所灭。传说吴被灭后，西施与范蠡泛舟五湖，不知所终，一直受到后人的怀念。

原文欣赏

zhǐ xīn xiū hù yǒng suí jí shào
指薪修祜 永绥吉劭

jǔ bù yǐn lǐng fǔ yǎng láng miào
矩步引领 俯仰廊庙

▶注释：指薪：脂薪，古代曾用其照明。祜：福。绥：幸福安好。劭：美好。矩步：合乎规范地走路。

▶译文：要像永不熄灭的火种一样，日日修德积福，最终就会迎来幸福美好。走路应坦然地昂首阔步，举止要像在庙宇中一样庄重。

指薪修祜 永绥吉劭
矩步引领 俯仰廊庙

指薪修祜 永绥吉劭
矩步引领 俯仰廊庙

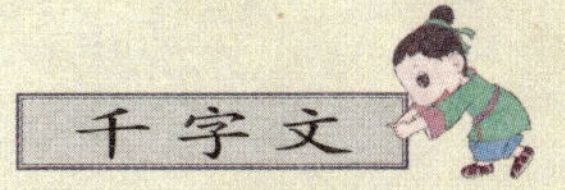

原文欣赏

shù dài jīn zhuāng　pái huái zhān tiào
束带矜庄　徘徊瞻眺

gū lòu guǎ wén　yú méng děng qiào
孤陋寡闻　愚蒙等诮

wèi yǔ zhù cí　yān zāi hū yě
谓语助词　焉哉乎也

注释：矜：端庄，凝重。瞻眺：远望。诮：责备。

译文：衣冠要严整，举止要庄重，稳稳当当地行走，从容不迫地前瞻远望。常识浅陋，见闻不广，会和愚昧无知的人一样被人讥讽。谓语动词，有“焉”、“哉”、“乎”、“也”。

束带矜庄　徘徊瞻眺
孤陋寡闻　愚蒙等诮

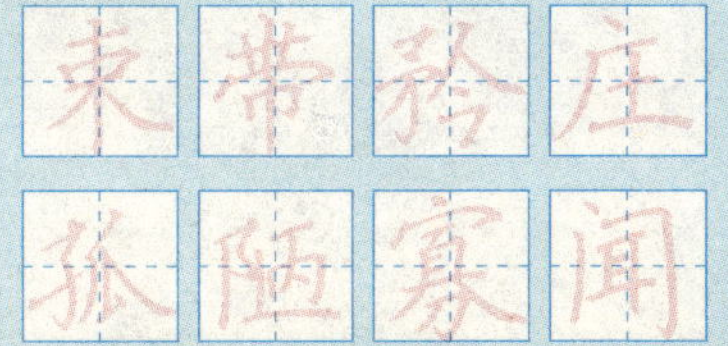

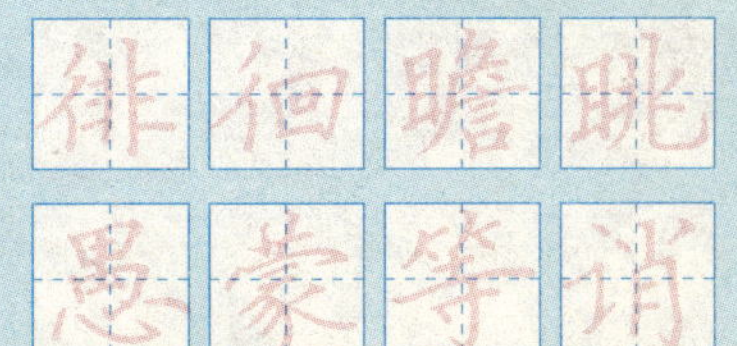

故事链接

梅文鼎苦学

梅文鼎(1633—1721)，安徽宣城县人，是我国清代的数学家和天文学家。他一生都在学习和研究刚从西方传进来的数学、天文学知识，并且把它们同中国传统科学相结合。他一生写了八十六部有关数学、天文学、历法等方面的书。

梅文鼎九岁的时候，就把四书五经背得滚瓜烂熟，十四岁就考中了秀才。又时常和老师、父亲观察天象，懂得一些别人看不懂的天文知识，所以大家都称他为神童。

其实梅文鼎并不比别人聪明。他的知识也是经过刻苦学习得来的。

一次，梅文鼎得到了一些古算数书的残篇，上面很多字都已经磨损得看不清了，可是他仍然如获珍宝一样高兴。还找来纸和笔，准备把书重新抄录下来。在抄的时候，有一个字或有一个出处没弄清楚，他都要四处向人请教，校对核实，准确无误后才抄录下来。有人看他这样认真，就劝他说："差不多就可以了，干嘛要那么认真呢。"

可是梅文鼎却严肃地回答说："别看只是一两个字，但是失之毫厘，谬以千里啊。如今我抄错一两个字，认为不要紧，把它放过去，当明天有人向我借书抄的时候，把我的错误又抄了上去，不是导致别人也犯错误了吗？如果别人也有看不清的，也不去管，那这样长久下去，以讹传讹，书的内容不就面目全非了吗？"

梅文鼎这样刻苦努力的学习，终于成为了一位著名的数学家和天文学家。

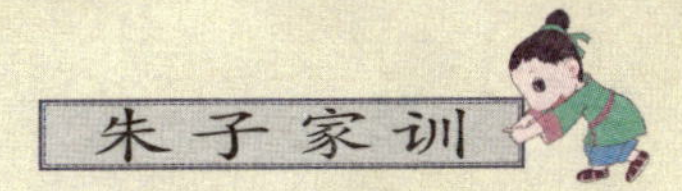

原文欣赏

黎明即起，洒扫庭除，要内外整洁；既昏便息，关锁门户，必亲自检点。

（lí míng jí qǐ，sǎ sǎo tíng chú，yào nèi wài zhěng jié；jì hūn biàn xī，guān suǒ mén hù，bì qīn zì jiǎn diǎn。）

注释：黎：指天将要亮起来的那段时间。庭除：指庭前阶下，庭院。既昏：一到黄昏。检点：检查、查看。

译文：每天天一亮，就要起床。用水洒湿庭院内外的地面，然后仔细清扫，力求庭院内外整洁、干净。到了黄昏时分，就要停止一天的工作，并亲自细心查看一下大门是否已经关闭、锁好。

黎明即起，洒扫庭除。
关锁门户，亲自检点。

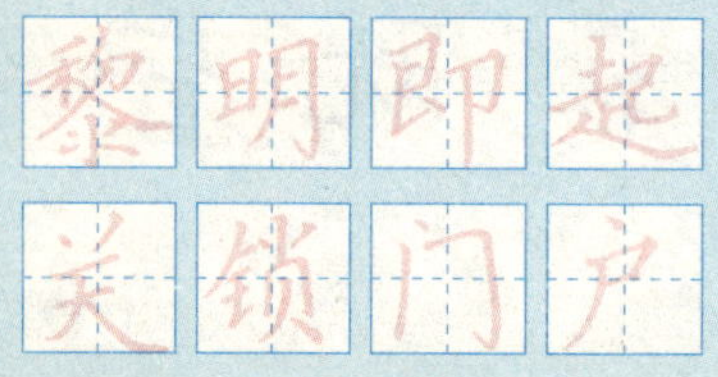

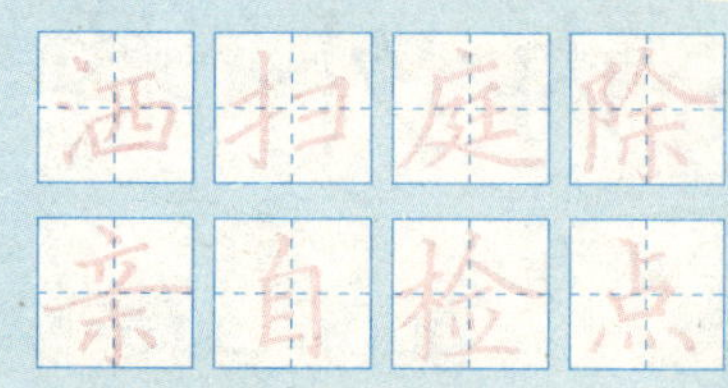

中国烹饪的味

中国烹饪中的科学内涵十分丰富，其中心内容，在于符合营养要求，达到养生效果的烹调与饮食的终极目的。

五味调和的美食观 《黄帝内经》说："天食人以五气，地食人以五味"，"谨和五味，骨正筋柔，气血以流，腠理以密。如是则骨气以精，谨道如法，长有天命"。味是饮食五味的泛称，和是饮食之美的最佳境界。这种和，由调制而得，既能满足人的生理需要，又能满足人的心理需要，使身心需要能在五味调和中得到统一。美食的调和，是对饮食性质、关系深刻认识的结果。味是调和的基础。阴阳平衡是人体健康的必要条件。饮食五味的调和，以合乎时序为美食的一项原则。中国烹饪科学依据调顺四时的原则，调和与配菜都讲究时令得当，应时而制作肴馔。追求肴馔适口，应以适口者为珍。

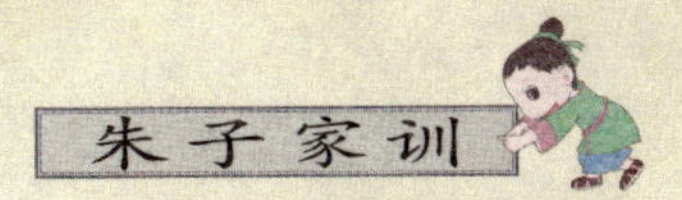

原文欣赏

yī zhōu yī fàn dāng sī lái zhī bù
一粥一饭，当思来之不

yì bàn sī bàn lǚ héng niàn wù
易；半丝半缕，恒念物

lì wéi jiān
力维艰。

注释：恒：时常。

译文：我们应该想到每一顿饭菜都是来之不易的。对于衣服的半根丝或半条线，我们也要常念着造就这些物资是很艰难的。

一粥一饭，当思来之不易

半丝半缕，恒念物力维艰

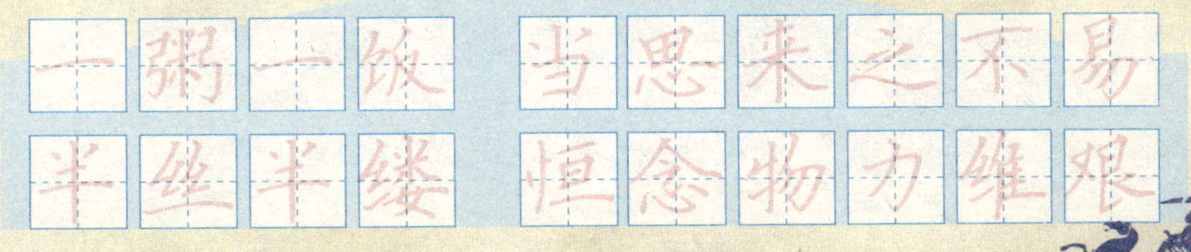

故事链接

鲍叔牙让相

春秋时期，齐国有位大夫叫鲍叔牙。少时从事商品买卖活动，在南阳结识了一位叫管仲的同行，通过接触和了解，鲍叔牙知道管仲曾经“三仕三见逐于君”，是位经历坎坷而目光远大的非凡之才。为此，鲍叔牙十分佩服他，总是设法帮助管仲家。管仲将两人合伙挣来的钱留下，鲍叔牙也不计较，认为管仲是因为家贫而不是贪财；有时听管仲的意见赔了本，他也解释说是因为时机未到而不是管仲无能。后来，鲍叔牙和管仲都弃商从政，鲍叔牙服事于齐公子小白（即后来的齐桓公），管仲服事于另一个齐公子纠。当他听到管仲三战三走的消息时，也不认为管仲怯懦，而是因为家有老母。管仲听到这些消息后，感慨地说：“生我者父母，知我者鲍子也。”

周庄公十二年，公子小白继位，即齐桓公。齐桓公认为鲍叔牙很有才能，决定任用他为宰相。鲍叔牙却推荐管仲，情愿当管仲的副手。齐桓公在鲍叔牙的劝说下，也深明大义，不计较一箭之仇，用洗三次澡、洒三遍香水的大礼去迎接管仲，并拜管仲为相。于是，管仲对经济、政治、军事等诸多方面进行整顿改革，对外提出“尊王攘夷”的口号，使齐国由乱而治，转弱为强，称霸于诸侯。齐桓公亦成为“春秋五霸”中的第一霸主。管仲之功，实赖于鲍叔牙的推荐。因此，荀子在《管仲论》中说：“故齐之治也，吾不曰管仲，而曰鲍叔。”

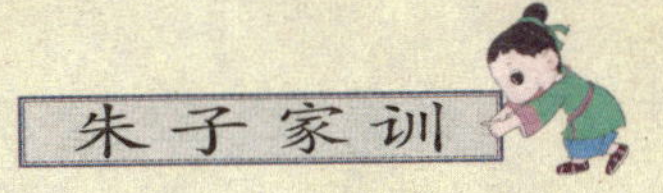

原文欣赏

yí wèi yǔ ér chóu móu
宜未雨而绸缪，

wù lín kě ér jué jǐng
勿临渴而掘井。

▶注释：绸缪：指提前为即将发生的事做好准备。掘：挖。

▶译文：凡事应预先做好准备。还没下雨的时候，要赶紧把房顶的漏洞修补完善，等雨已经下起来时再去修补，就迟了。也不要等到非常渴的时候，才去掘井找水喝，那样就太晚了。

书法练习

宜未雨而绸缪，勿临渴而掘井。

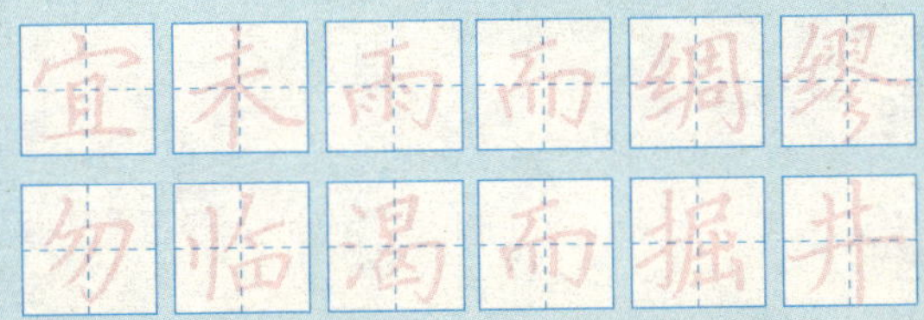

原文欣赏

zì fèng bì xū jiǎn yuē

自奉必须俭约，

yàn kè qiè wù liú lián

宴客切勿流连。

注释：自奉：指自己的花销、开支。流连：即留恋之意。

译文：自己平时在生活上的开支和花销必须节约，和朋友在一起聚会吃饭切勿留恋忘返，时间过长。

名师点拨

此句话的说法相当于我们现在常说的“理财”。可见在古代人们就已经有“理财”这方面的意识。钱一定要合理支配，不可盲目花销；和朋友在一块吃饭，要有时间观念。现今的父母也应该给孩子们灌输一个正确的金钱观，告诉他挣钱的不容易和辛苦，让他们养成合理的消费习惯。

自奉必须俭约，宴客切勿流连。

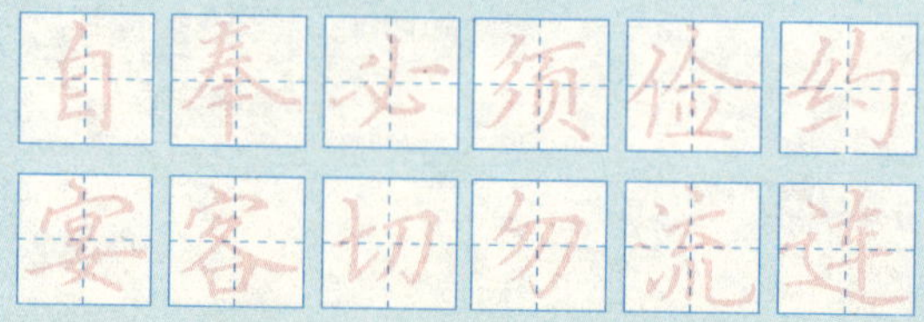

故事链接

山猪和狐狸

一只山猪在大树旁勤奋地磨獠牙。狐狸看到了，好奇地问："现在，既没有猎人来追赶，也没有任何危险，为什么你要这般用心地磨牙呀！"

山猪答道："你想想看，一旦危险来临，就没时间磨牙了。现在磨利，等到要用的时候就不会慌张了。"

从这个故事我们可以知道，书到用时方恨少，平常若不充实学问，临时抱佛脚是来不及的。也有人抱怨没有机会，然而当升迁机会来临时，再叹自己平时没有积蓄足够的学识与能力，以致不能胜任，只能后悔莫及！

原文欣赏

qì jù zhì ér jié wǎ fǒu shèng jīn yù
器具质而洁，瓦缶胜金玉；

yǐn shí yuē ér jīng yuán shū yù zhēn xiū
饮食约而精，园蔬愈珍馐。

▶注释：瓦缶：一种瓦制的器具。约：简约、简单。愈：胜于、超过。珍馐：珍贵精美的食物。

▶译文：餐具贵在质朴而洁净，如此纵是瓦制的器具，也胜过金玉做的华而不实的杯盏；食品应简单而精致，如此虽是菜园里自家种的蔬菜，也胜过那些奢侈的山珍海味。

书法练习

器具质而洁，瓦缶胜金玉

饮食约而精，园蔬愈珍馐

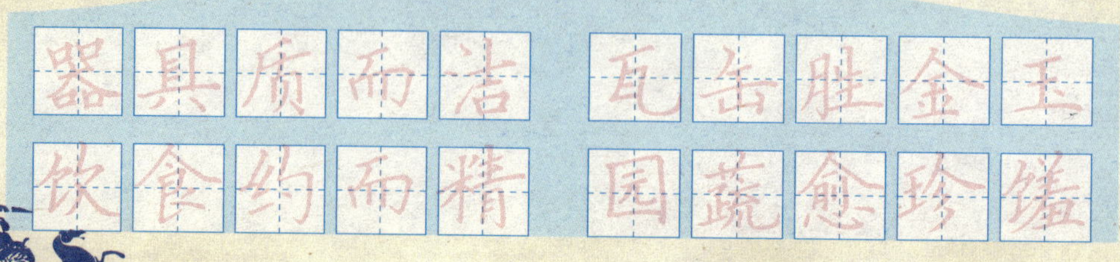

原文欣赏

wù yíng huá wū
勿营华屋，

wù móu liáng tián
勿谋良田。

▶ 注释：营：营建、建造。谋：谋求。

▶ 译文：自己家的住房不必讲究其建造的华美，也不要贪欲太大，而去购买或谋取上好的田园。

勿营华屋，勿谋良田。

勿营华屋 勿谋良田

小贴士

墨子

墨子是战国时著名思想家、政治家，宋国人。姓墨名翟。生卒年不详，约为前479年—前381年以内。提出“兼爱”、“非攻”等观点，创立墨家学说，并有《墨子》一书传世。墨学在当时影响很大，《孟子·滕文公》篇云：“杨朱、墨翟之言盈天下，天下之言，不归于杨，即归墨。”可知春秋战国之世，杨朱之学与墨学齐驱，并属显学。

故事链接

葫芦的用法

惠子对庄子说："魏王赐给我一种大葫芦的籽种。我把它种活了，果然结了一只大葫芦，能容五石。我想用它盛水，但它的坚硬程度又无法承受；把它割开做了许多瓢，一个个又平又浅，不能舀水。您看，这只葫芦虽然是庞然大物，但却一点用途没有，我索性把它打碎了。"

庄子听了，说："先生，您真不会利用大的东西啊！宋国有一户人家祖祖辈辈靠洗棉絮过日子，为此他们研制了一种防冻手的药，药效非常好，冬日里洗棉絮也不会冻手。

"一个外乡人听说了，找到这户人家，情愿出一百两黄金买下他们的药方。宋人便把全家人招集在一块商量说："我们家祖祖辈辈干漂洗棉絮的活儿，能够得到的不过几两黄金。现在出售这个药方，一下子就可赚取一百两黄金，就卖给他吧！"

"那个外乡人得到了药方后，便拿去献给吴王，并向吴王夸赞这种药的用处。这时，正赶上越国有内乱，吴王便派他领兵讨伐越国。冬天，他们和越国军队进行水战，使用了那个宋国人的药方，果然手不皲裂。把越国军队打得大败。吴王很高兴，就割出一块土地来封赏他。"

"同样是这个药，有的用它得到封赏，有的用它干漂洗棉絮之类的苦活，这都是由于用法不同的缘故啊！现在您有五石容积的大葫芦，为什么不让它当腰舟漂游于江河湖海之中，作渡江之用，而只考虑盛东西呢？"

原文欣赏

sān gū liù pó，shí yín dào zhī méi；
三姑六婆，实淫盗之媒；

bì měi qiè jiāo，fēi guī fáng zhī fú。
婢美妾娇，非闺房之福。

注释：闺房：女子的卧房，此指家中的内室。福：福气、幸运。

译文：街巷上那些不正派的女人，都是些巧言奸诈、损人利己、挑唆是非的人；自己家的侍妾和丫鬟若过于娇艳动人，婀娜多情，并非是家中的幸事。

三姑六婆，实淫盗之媒
婢美妾娇，非闺房之福

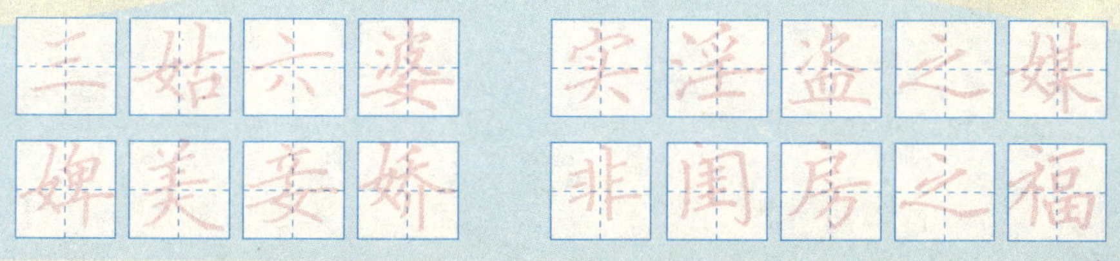

原文欣赏

tóng pú wù yòng jùn měi
童仆勿用俊美，

qī qiè qiè wù yàn zhuāng
妻妾切勿艳妆。

注释：妆：装扮。

译文：自己家中的家童和奴仆，不要雇用那些长相十分英俊风流的，而妻、妾平日里也不要打扮得太过妖艳、迷人，以免勾起他人的歹心。

书法练习

童仆勿用俊美，妻妾切勿艳妆。

童	仆	勿	用	俊	美
妻	妾	切	勿	艳	妆

故事链接

孔雀和鹤

有一天，一只孔雀张开了它那美丽的尾巴，得意非凡地向其他的动物展示。这时，一只鹤刚好寻找食物路过，匆忙中，都没看它一眼。孔雀很不高兴，叫住匆匆忙忙的鹤："喂，那个灰白的家伙！看看我，浑身漂亮的羽毛，既有金色，也有紫色，有像彩虹一样丰富的色彩。再看你，除了灰就是白，全身上下一点色彩也没有。"鹤听了以后，对它说："你说得对，但是不起眼的我可以飞到高空中，一声鸣叫传遍天下；而你这个漂亮的公主，只能整天走在地上，像一只公鸡似的，在堆满粪便的院子里与家禽一起度日。"

这个故事说明：华丽的外表并不代表真正的实力。

原文欣赏

zōng zǔ suī yuǎn, jì sì bù kě bù chéng; zǐ sūn suī yú, jīng shū bù kě bù dú.

宗祖虽远，祭祀不可不诚；子孙虽愚，经书不可不读。

▶注释：经书：指“四书”、“五经”这些基础的启智读物。

▶译文：祖宗虽然已经离世很久远了，但祭祀时仍应虔诚以待；子孙纵使愚笨，该读的经书也必须要读。

书法练习

宗祖虽远，祭祀不可不诚

子孙虽愚，经书不可不读

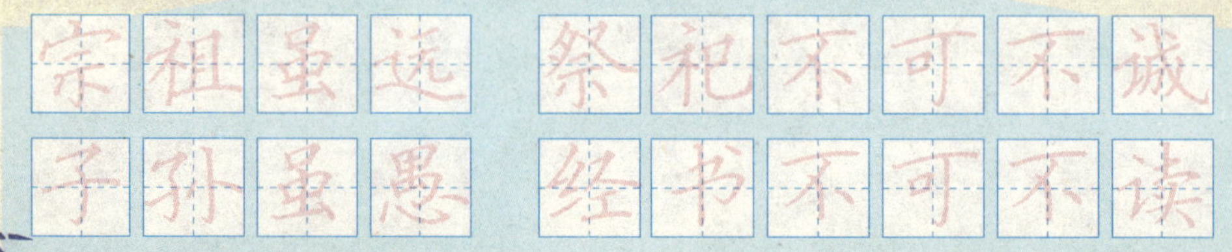

原文欣赏

jū shēn wù qī zhì pǔ
居身务期质朴，

jiào zǐ yào yǒu yì fāng
教子要有义方。

注释：义方：好的，正确的方法。

译文：平日居家生活务必朴素、节俭，教育子女要有正确的方法。

居身务期质朴，教子要有义方

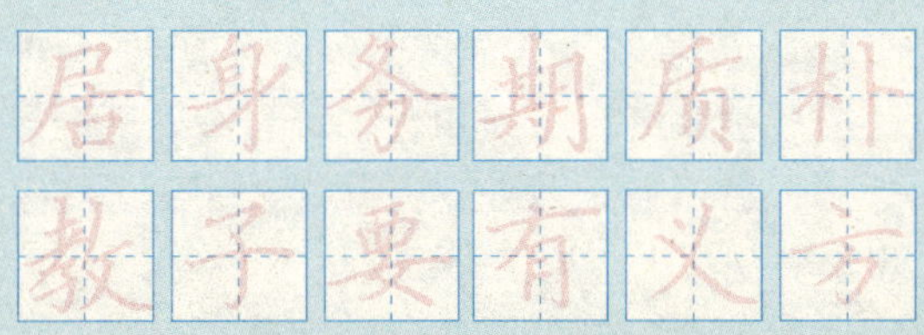

官职的任免升降

“三省六部”制出现以后，官员的升迁任免由吏部掌管。官职的任免升降常用以下词语：

拜——用一定的礼仪授予某种官职或名位。如《<指南录>后序》中的“于是辞相印不拜”，就是没有接受丞相的印信，不去就职。

迁——调动官职，包括升级、降级、平级转调三种情况。为易于区分，人们常在“迁”字的前面或后面加一个字，升级叫迁升、迁授、迁叙，降级叫迁削、迁谪、左迁，平级转调叫转迁、迁官、迁调，离职后调复原职叫迁复。

谪——降职贬官或调往边远地区。《岳阳楼记》“滕子京谪守巴陵郡”中的“谪”就是贬官。

黜——“黜”与“罢、免、夺”都是免去官职。如《国语》：“公将黜太子申生而立奚齐。”

去——解除职务，其中有辞职、调离和免职三种情况。辞职和调离属于一般情况和调整官职，而免职则是削职为民。

乞骸骨——年老了请求辞职退休，如《张衡传》：“视事三年，上书乞骸骨，征拜尚书。”

小贴士

刘安

刘安(公元前179—前122年)，西汉沛郡丰(今江苏省丰县)人，刘邦之孙，刘长之子，淮南王。招宾客一同撰写《鸿烈》(后世称《淮南子》)。《汉书》记载，汉武帝时刘安因谋反之事败露而自杀。另有记载，刘安“得道升天”。

据记载，刘安是豆腐以及很多养生之道的发明者。据传刘安于母亲患病期间，每日用泡好的黄豆磨成豆浆给母亲饮用，刘母之病遂逐渐好转，豆浆也随之传入民间。至于豆腐起源，古籍曾记载刘安在淮南八公山上炼丹时，曾不小心将石膏混入豆浆里，经化学变化成为豆腐。

故事链接

张之洞巧治赌徒

清光绪年间，张之洞在湖北做制台，由于清朝政府腐败，社会秩序混乱，武汉三镇赌风极盛，张之洞就想了个办法来开导赌棍。

有一天，衙役抓到四个赌棍。张之洞审问说：“你们为何不务正业，嗜赌如命？”赌棍说：“大人，小的只不过是好玩消遣。”张之洞说：“好，既然你们喜欢赌博，本制台也看看你们好玩消遣有没有极限。”于是命衙役将四人收监，每人发给铜钱一千，并拿出纸牌、骰子，叫他们在牢里赌三天三夜。但不许睡觉，不许休息，每人一千铜钱除输赢兑现以外，还要按规矩抽头。四个赌徒莫名其妙，只好遵制台吩咐，在监内连赌三天三夜。

结果，赌棍们赌得筋疲力尽，个个叫饶。三天过后，张之洞再次审问四个赌徒：“你们好玩消遣，这三天够不够？”赌棍异口同声回话：“小人实在是玩够了，不想再玩了。”“那你们哪个输了哪个赢了呢？”“四个人都输光了。”张之洞故作惊讶说：“咦！那四千个铜钱到哪里去了？”“唉呀！钱都被抽头抽走了。”张之洞呵呵一笑说：“这就叫做久赌神仙输啊！” 说罢，叫人拿出纸笔，在纸上用笔写上“赌博”两字。又叫人用剪刀从中间剪开，变成了“专、者、贝、十”四个大字。他巧妙地讲解说：“专门赌博的人只有贝十(背时)不会走运的。”四个赌徒恍然大悟，当堂认罪求饶，从此不再赌博。

原文欣赏

wù tān yì wài zhī cái
勿贪意外之财，

wù yǐn guò liàng zhī jiǔ
勿饮过量之酒。

注释：财：财物、钱财。

译文：不要贪图意外得来的不属于自己的钱财；饮酒时，千万不可过量。

勿贪意外之财，勿饮过量之酒。

原文欣赏

yǔ jiān tiāo mào yì wù zhàn pián yi

与肩挑贸易，勿占便宜；

jiàn qióng kǔ qīn lín xū jiā wēn xù

见穷苦亲邻，须加温恤。

注释：温恤：态度温存地抚恤。

译文：与一些靠做小生意为生计的人进行交易买卖，不要贪图从中占便宜，看到穷苦的亲戚或邻居，应对他们态度和蔼温存并加以抚恤。

书法练习

与肩挑贸易，勿占便宜
见穷苦亲邻，须加温恤

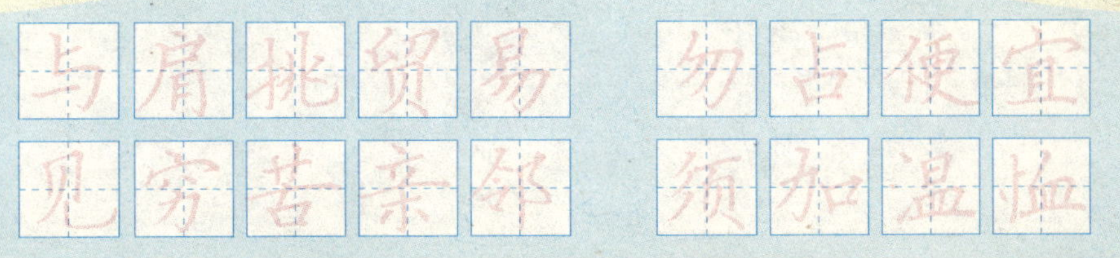

故事链接

一曝十寒

战国时期，百家争鸣，游说之风十分盛行。一般游说之士，不但有高深的学问、高尚的德行，还经常用深刻生动的比喻来讽劝执政者。孟子就是其中一位著名的辩士。

齐宣王昏庸无能，做事缺乏毅力。一天，孟子进谏齐宣王，毫不客气地对他说："大王您也太不明智了，有的生物虽然生命力很强，但是你把它放在阳光下晒一天，又把它放在阴寒的地方冻上十天，它哪里还活得成呢！我跟大王在一起的时间很短暂，给大王讲一些道理，希望大王从善，大王即使有了一点从善的决心，可我一离开你，那些奸臣又来哄骗你，你又会听信他们的话，把我所讲的给忘了，叫我怎么办呢？"

接着，孟子又说："下棋看起来是件小事，但如果不专心致志，也同样学不好，不能赢。奕秋是全国最善下棋的能手，他教了两个徒弟，其中一个专心致志地学习棋艺，另一个却总是盼着有天鹅飞来，准备用箭射天鹅。虽然两个徒弟每天在一起学习，但是两者的成绩却差得很远。这不是他们的智力有什么区别，而是他们的专心程度不一样啊。"

我们要学习一项技能、做好一件事情，必须专心致志。若是今天做一些，把它丢下了，隔十天再去做，那么事情怎能做得好呢？后来的人便将孟子所说的"一日暴之，十日寒之"精简成"一曝十寒"，用来比喻修学、做事没有恒心。

原文欣赏

kè bó chéng jiā　lǐ wú jiǔ xiǎng
刻薄成家，理无久享；

lún cháng guāi chuǎn　lì jiàn xiāo wáng
伦常乖舛，立见消亡。

▶注释：伦常：人伦常理。乖舛：错乱、颠倒。立：立刻、立时。

▶译文：为人刻薄而发家的，决不会长久地享受富贵。做事违背人伦常理的人，会很快受到惩治。

书法练习

刻薄成家，理无久享；
伦常乖舛，立见消亡。

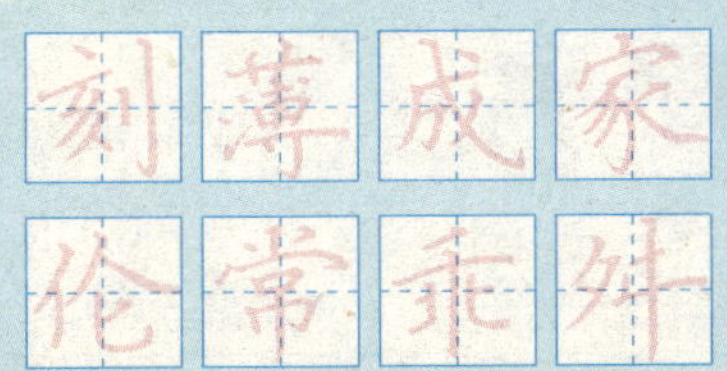

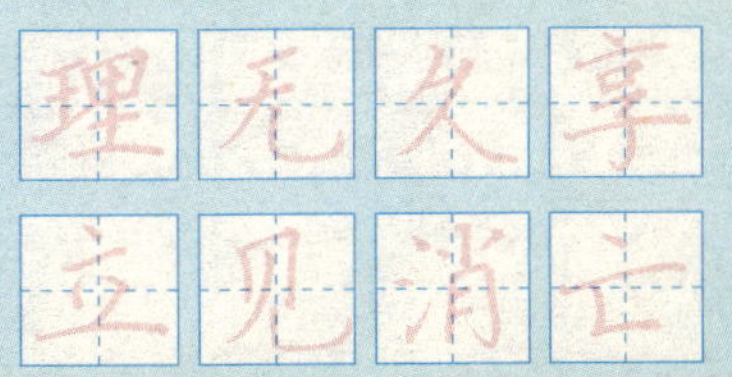

原文欣赏

xiōng dì shū zhí　xū fēn duō rùn guǎ

兄弟叔侄，须分多润寡；

zhǎng yòu nèi wài　yí fǎ sù cí yán

长幼内外，宜法肃辞严。

▶ 注释：分多润寡：指将有富余的给予或弥补到不足者。

▶ 译文：叔侄兄弟之间要互相帮助，富有的要资助贫穷的；全家上下要有严明的家规，并严格遵从。

兄弟叔侄，须分多润寡

长幼内外，宜法肃辞严

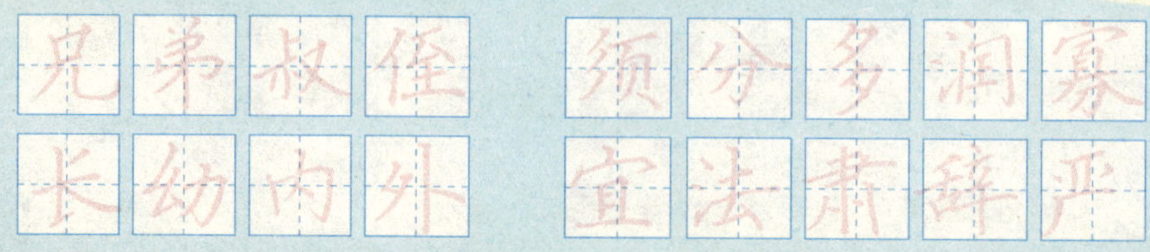

故事链接

赤壁之战

曹操败袁绍、破乌桓，基本统一北方后，于建安十三年七月，自宛挥师南下，欲先灭刘表，再顺长江东进，击败孙权，以统一天下。九月，曹军进占新野，时刘表已死，其子刘琮不战而降。依附刘表屯兵樊城的刘备仓促率军民南撤。曹操收编刘表部众，号称八十万大军向长江推进。刘备在长坂坡被曹军大败后，于退军途中派诸葛亮赴柴桑会见孙权，说服孙权结盟抗曹。

孙权命周瑜为主将，程普为副，率三万精锐水军，联合屯驻樊口的刘备军，共约五万人溯长江西进，迎击曹军。十一月，孙刘联军与曹军对峙于赤壁。曹操将战船首尾相连，结为一体，以利演练水军，伺机攻战。周瑜采纳部将黄盖所献火攻计，并令其致书曹操诈降，曹操中计。黄盖择时率艨艟巨舰乘风驶入曹军水寨纵火。曹军船阵被烧，火势延及岸上营寨，孙刘联军乘势出击，曹军死伤过半，遂率部北退，留征南将军曹仁固守江陵。联军乘胜扩大战果，孙刘两军分占荆州要地。赤壁决战，曹操在有利形势下，轻敌自负，指挥失误，终致战败。孙权、刘备在强敌进逼关头，结盟抗战，扬水战之长，巧用火攻，终以弱胜强。此战为日后魏、蜀、吴三国鼎立奠定了基础。

原文欣赏

tīng fù yán　guāi gǔ ròu　qǐ shì
听妇言，乖骨肉，岂是

zhàng fū　zhòng zī cái　bó fù
丈夫？重资财，薄父

mǔ　bù chéng rén zǐ
母，不成人子。

注释：乖：背离。

译文：听信妇人挑拨，而损伤骨肉之情，哪里配做一个大丈夫呢？看重物资钱财，而薄待父母，不是为人子女的作为，有违其本分。

听妇言，乖骨肉
重资财，薄父母

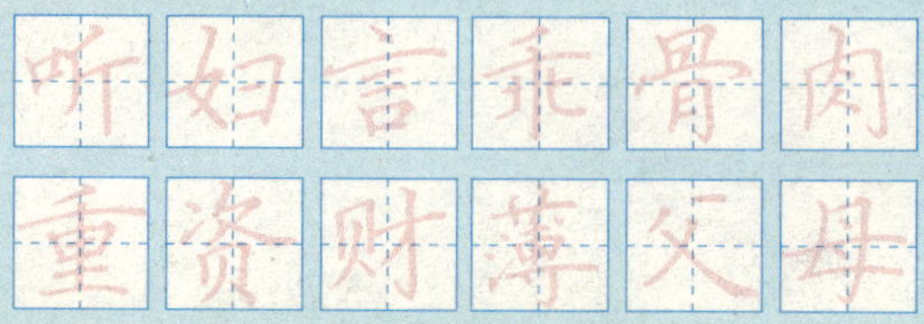

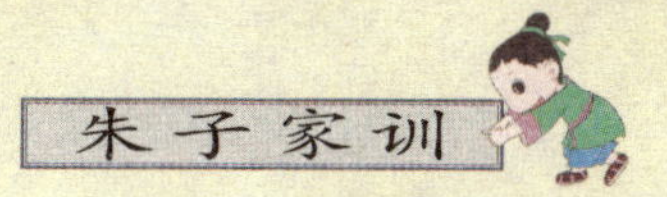

原文欣赏

jià nǚ zé jiā xù，wú suǒ zhòng pìn；qǔ xí qiú shū nǚ，wù jì hòu lián。
嫁女择佳婿，毋索重聘；娶媳求淑女，勿计厚奁。

▷注释：聘：聘礼。计：计较。厚奁：丰厚的嫁妆。

▷译文：嫁女儿，要为她选择贤良的夫婿，不应索取贵重的聘礼；为儿子娶妻，应选求贤淑的女子，而不应计较有没有丰厚的嫁妆。

嫁女择佳婿，毋索重聘
娶媳求淑女，勿计厚奁

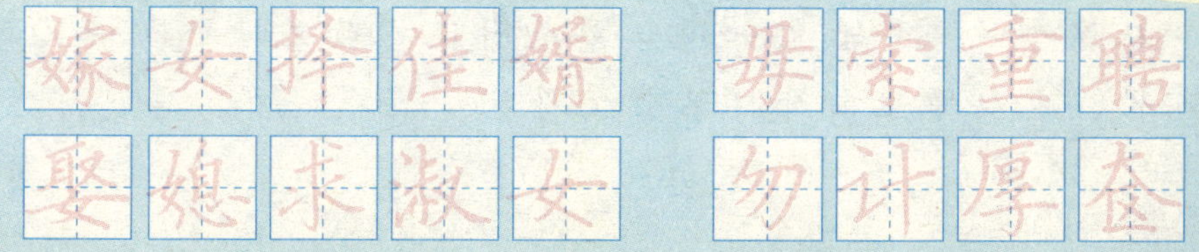

故事链接

尊敬父母的丁兰

东汉时期，有个孝子叫丁兰。从小父母就过世了，每每看到别的孩子都和父母生活在一起，丁兰羡慕不已。

长大后，他经常思念父母的养育之恩，于是用木头刻成父母的雕像，供奉在屋内。他每天都要向木像跪拜请安，每日三餐敬过父母后自己方才食用。在丁兰的心目中，木像就是自己的亲生父母。

就这样时间长了，丁兰的妻子有点烦了，心想："不就是个木头人吗？还那样孝敬他们？"

有一天，丁兰有事出门了，妻子就趁机用针刺木像的手指，而木像的手指竟然有血流出。丁兰回家后见木像那样，就问明实情，知道是妻子对父母的不敬行为后，非常生气。于是，他把妻子赶出了家门。

从这个故事中我们知道，要及时地孝敬父母，即使父母不在人世，也要像生前那样恭敬父母。

原文欣赏

jiàn fù guì ér shēng chǎn róng zhě zuì kě
见富贵而生谄容者最可

chǐ yù pín qióng ér zuò jiāo tài zhě
耻，遇贫穷而作骄态者

jiàn mò shèn
贱莫甚。

注释：谄容：谄媚讨好的表情和姿态。骄态：骄傲之姿态。

译文：一见到有钱有势的人，就立刻表现出一副巴结奉承的样子，是最可耻的了。遇到贫苦穷困的人，便作出一副骄傲的，轻视他人的嘴脸，是再卑贱不过了。

见富贵而生谄容者

遇贫穷而作骄态者

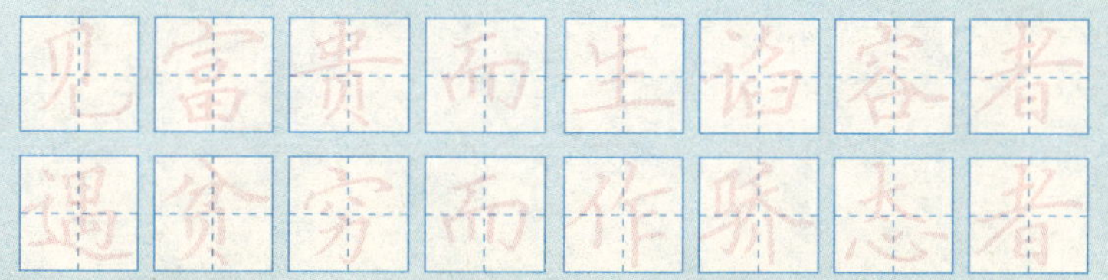

原文欣赏

jū jiā jiè zhēng sòng sòng ér zhōng

居家戒争讼，讼而终

xiōng chǔ shì jiè duō yán yán duō

凶；处世戒多言，言多

bì shī

必失。

▷注释：讼：指打官司。失：出错。

▷译文：平日里，要避免与人争斗，一旦打起官司，无论胜败，结果都有损声誉。处世不可说话太多，话说多了，就容易招致麻烦。

居家戒争讼，讼而终凶

处世戒多言，言多必失

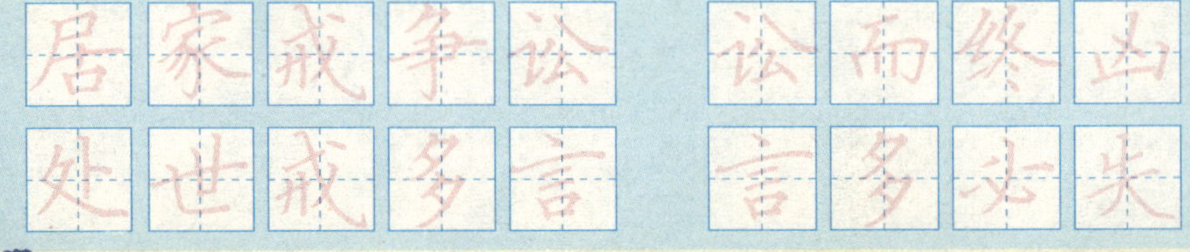

故事链接

年老的猎狗

有一只猎狗年轻时非常厉害，那时它和猎人一起去打猎，碰到什么野兽都能把它们打败。猎人经常夸赞，奖赏它。可是它慢慢地老了，有一次，它和猎人狩猎时，碰到一只野猪，它勇敢地扑上去，咬住了野猪的耳朵。但是它的牙已经松动了，咬不住了，最后野猪跑了。猎人看到野猪跑了，很失望，也很生气，就把老猎狗狠狠地骂了一顿。老猎狗非常伤心，委屈地对猎人说："主人啊！你真不应该怪罪我啊！我还像以前那样勇敢，只是这么多年过去了，我老了，身体不像以前那么健壮了。我没办法不让自己老呀！过去我得到了你那么多的赞扬，你不该在我年老体衰时就责骂我啊！"

这个故事说明：人都会从年轻走向衰老，这是无法抗拒的自然规律，我们任何人都不该嫌弃老人。

原文欣赏

wù shì shì lì ér líng bī gū guǎ

勿恃势力而凌逼孤寡，

wù tān kǒu fù ér zì shā shēng qín

勿贪口腹而恣杀生禽。

▶ 译文：恃：倚仗。恣：随意、肆意。

▶ 译文：不可仗势欺凌压迫孤儿寡妇，也不要因为贪口腹之欲而任意地杀戮生灵。

恃势力而凌逼孤寡
勿贪口腹恣杀生禽

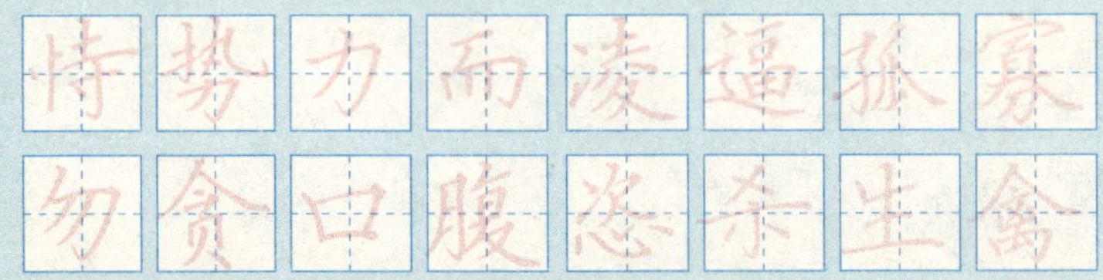

原文欣赏

guāi pì zì shì, huǐ wù bì duō;
乖僻自是，悔误必多；

tuí duò zì gān, jiā dào nán chéng
颓惰自甘，家道难成。

注释：乖僻自是：性情古怪而又自以为是。颓惰：颓废懒惰，不思进取。

译文：性情偏激，自以为是的人，必会因做错事而懊悔;颓废懒惰，自甘堕落，自暴自弃者是难以光耀家业的。

乖僻自是，悔误必多
颓惰自甘，家道难成

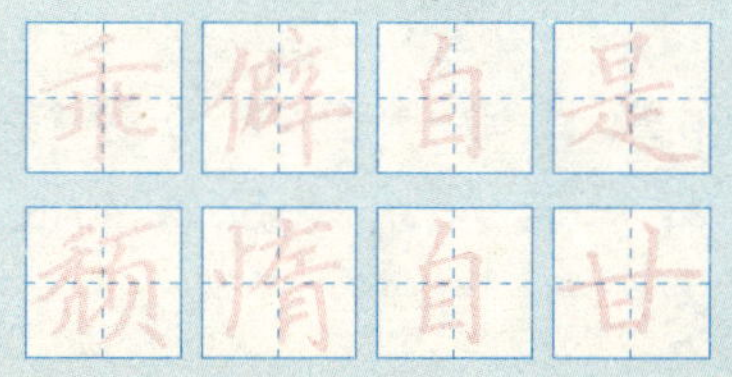

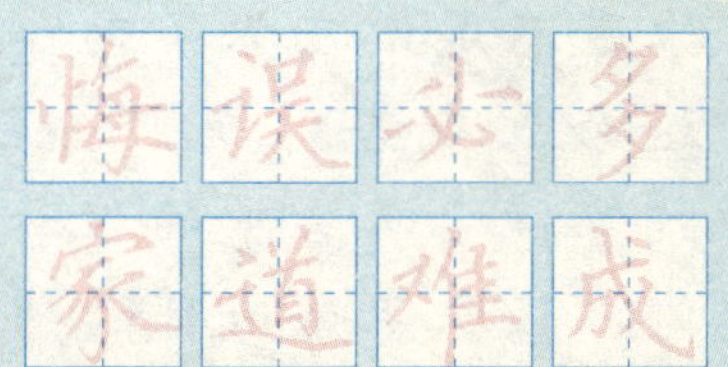

故事链接

强取人衣

在很久以前的宋国，有个叫澄子的恶人，生性贪得无厌，经常欺侮穷苦百姓。一次，他丢了一件黑色的衣服，于是便到路上去寻找。当他看见一个乡下妇女穿着一件黑色的衣服时，就拉住她不放，非要她脱下衣服给自己不可。他对那位乡下妇女说："刚才我丢了一件黑色的衣服，快把它脱下来给我。"那位妇女感到莫名其妙，说："你虽然丢了件黑衣服，但我穿的这件是我自己做的衣服呀！"澄子把眼睛一瞪，厉声说道："你还是赶快把你身上穿的衣服给我吧，我刚才丢掉的是一件纺绸夹衣，你穿的不过是一件黑色的单布衣而已，用你身上的这件单布衣来抵我的那件纺绸夹衣，难道不是便宜你了吗？"

这个故事告诉我们：强盗自有强盗的一套理论和行为逻辑，就像伊索寓言中的狼和小羊一样。后人用"强取人衣"形容那些以强取豪夺为目的的强盗之人。

原文欣赏

xiá nì è shào jiǔ bì shòu qí
狎昵恶少，久必受其
lěi qū zhì lǎo chéng jí zé kě
累；屈志老成，急则可
xiāng yī
相依。

▶注释：狎昵：过于亲近。累：指牵连。屈志：曲意迁就。老成：指言行稳重的正人君子。

▶译文：过于与不良恶少亲近，日子久了，必然会受牵累；恭敬虚心地与一些言行端正的正人君子交往，到了危难的时候，就可得到其帮助。

狎昵恶少，久必受其累
屈志老成，急则可相依

狎	昵	恶	少	久	必	受	其	累
屈	志	老	成	急	则	可	相	依

原文欣赏

qīng tīng fā yán，ān zhī fēi rén zhī zèn sù？dāng rěn nài sān sī；yīn shì xiāng zhēng，yān zhī fēi wǒ zhī bù shì？xū píng xīn àn xiǎng。

轻听发言，安知非人之谮诉？当忍耐三思；因事相争，焉知非我之不是？须平心暗想。

注释：谮诉：诬蔑人的坏话。

译文：轻信别人背后的议论，不细加思索，怎知他不是来说人坏话，挑起是非的呢？因此遇到这种事应耐心加以思索。因为一件事而两人发生争执，怎知不是自己的过错呢？因此遇到这种事要冷静地进行自我反省。

当忍耐三思　因事相争
焉知非我之不是

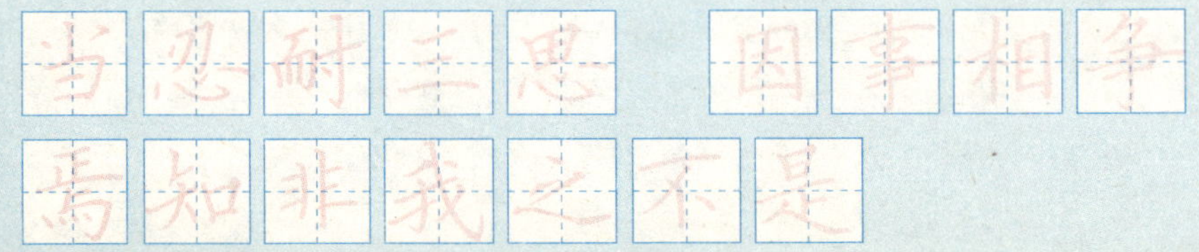

故事链接

岳母刺字

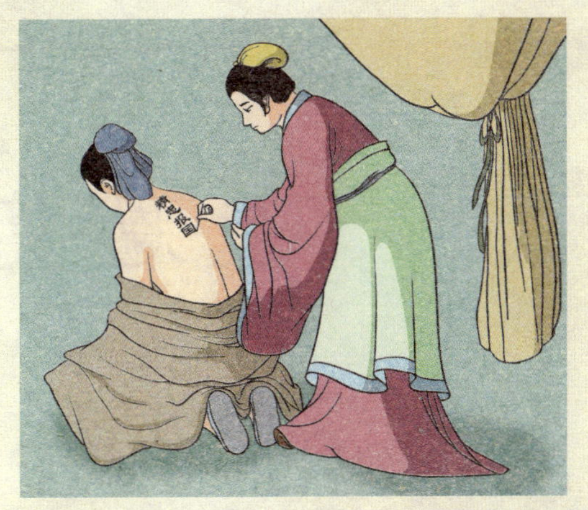

在南宋时期，有一位著名抗金将领叫岳飞。他从小家境贫寒，食不果腹，但深受母亲的严教，性格倔强，为人刚直。

一次，岳飞有几个结拜兄弟，因为没有饭吃，要去拦路抢劫。岳飞想到母亲平时的教导，没有答应，并不断地告诫自己："拦路抢劫，谋财害命的事，我万万不能干！"众兄弟再三劝说，岳飞也没动心。岳母从外面回来，他如实地把情况告诉了母亲，母亲高兴地说："孩子，你做得对，人穷志不穷，咱不能做那些伤天害理的事！"

岳飞在十五岁时，北方的金人南侵，宋朝当权者腐败无能，节节败退，国家处在生死存亡的关头。一天，岳母把岳飞叫到跟前，说："现在国难当头，你有什么打算？"

岳飞毫不犹豫地回答："到前线杀敌，精忠报国！"

岳母听了儿子的回答，十分满意，"精忠报国"不正是母亲对儿子的希望吗？她决定把这四个字刺在儿子的背上，让他永远记住这一誓言。岳飞解开上衣，请母亲下针。岳母问："你怕痛吗？"岳飞说："小小钢针算不了什么，如果连针都怕，怎么去前线打仗！"岳母先在岳飞背上写好了字，然后用绣花针刺了起来。刺完之后，岳母又涂上醋墨。从此，"精忠报国"四个字就永不褪色地留在了岳飞的后背上。

后来，岳飞以"精忠报国"为座右铭，奔赴前线，英勇杀敌，立下赫赫战功，成为一名抗金名将。

原文欣赏

shī huì wú niàn
施惠无念，

shòu ēn mò wàng
受恩莫忘。

▶ 注释：惠：恩惠。无念：不挂在心上。

▶ 译文：对人施了恩惠，不要总是记挂在心里；受了他人的恩惠，则一定要常记于心，不可忘怀。

施惠无念，受恩莫忘。

小贴士

兼爱

完全的博爱。最初见于《墨子》。是战国时期墨子的主要思想。墨子以兼爱为其社会伦理思想的核心，认为当时社会动乱的原因就在于人们不能兼爱。兼爱与儒家的亲亲相对，将父慈、子孝、兄友、弟悌等等的亲人对待方式，扩展到其他陌生人身上。也就是对待别人要如同对待自己，爱护别人如同爱护自己，彼此之间相亲相爱，不受等级地位、家族地域的限制。

原文欣赏

fán shì dāng liú yú dì
凡事当留余地，

dé yì bù yí zài wǎng
得意不宜再往。

▷译文：无论做什么事，都应留有余地；得意以后，应当知足，不要为贪欲所驱策。

书法练习

凡事当留余地，得意不宜再往。

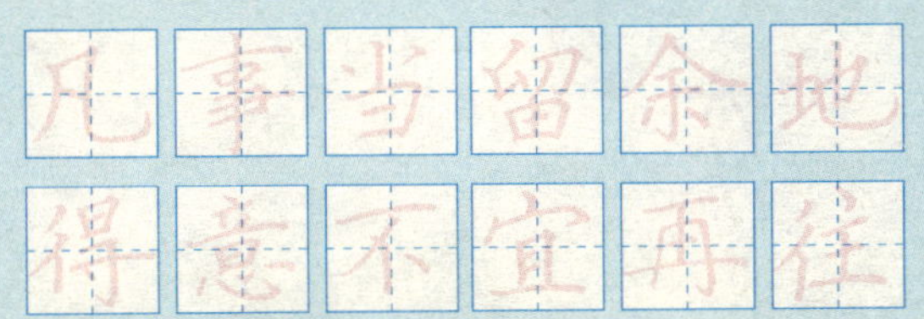

非攻

小贴士 反对侵略战争。“非攻”是墨学的重要范畴，是墨子军事思想的集中体现，同时也包含着丰富的政治、哲学、科学、文化、伦理思想。墨子认为，战争对于败者的伤害，以及伤人命、损其才，是没有意义的破坏行动。而对于胜方而言，仅仅是获得了数座城池与税收，但总的来说伤害与损失也是巨大的，所以战争是没有意义的行为。

故事链接

孝心感动后母

东汉时期，有个因孝心感动后母的人叫薛包。

从小薛包的亲生母亲就过世了，父亲便娶了后妻，生了两个儿子。因为薛包不是后母所生，后母十分讨厌他，让他搬出家去。薛包搬出家后，就在家门口搭了个茅草屋，独自住在那里。

薛包非常懂事，每天早早起来，向父母请安，之后勤快地打扫屋内外的卫生。终于，他的孝行感动了后母，让他回到了家里。

原文欣赏

rén yǒu xǐ qìng bù kě shēng dù jì
人有喜庆，不可生妒忌

xīn rén yǒu huò huàn bù kě shēng
心；人有祸患，不可生

xǐ xìng xīn
喜幸心。

注释：祸患：指灾祸、困难。

译文：别人家里有了喜庆的事情，不要产生妒忌之心，应诚心祝贺；别人家里出了祸患，也千万不可有幸灾乐祸之心，应诚心给予援助。

书法练习

人有喜庆，不可生妒忌心

人有祸患，不可生喜幸心

原文欣赏

shàn yù rén jiàn, bù shì zhēn shàn;
善欲人见，不是真善；

è kǒng rén zhī, biàn shì dà è
恶恐人知，便是大恶。

▷ 注释：欲：想要。恐：惧怕。

▷ 译文：做了一点好事，就急于让人知道或看见，这并不是出自真正的善心。做了坏事，而惧怕他人发现，千方百计加以掩饰或隐瞒，这样就是真正在作恶。

书法练习

善欲人见，不是真善；
恶恐人知，便是大恶。

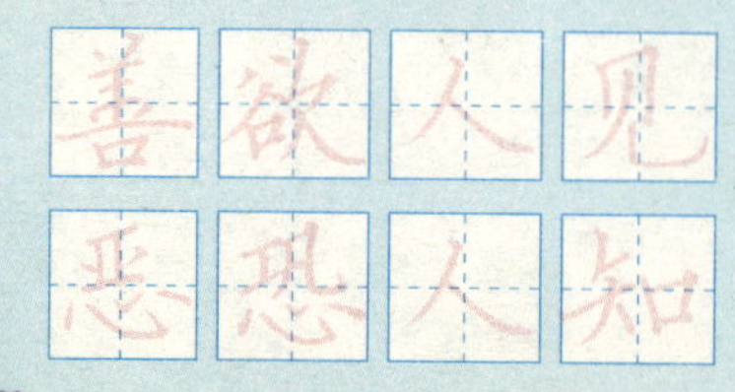

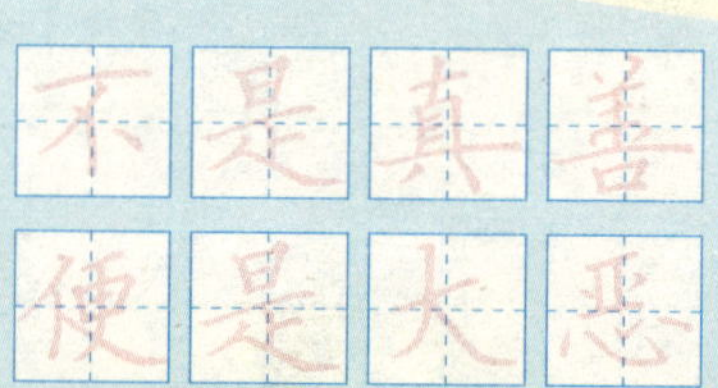

故事链接

坚守许诺

北宋齐州人刘庭式未考中进士前曾与同乡的一个农家女子订立了婚约。后来他考取了功名，做了官，就准备回家与未婚妻完婚。谁知天有不测风云，那女子因患病导致双目失明。这时有人建议他另娶他人，但刘庭式却说："我早已认定了她，怎么能因人家失明而改变初衷呢？"最后，他毅然娶盲女为妻，而且对妻子特别的好，两个人生活得很幸福。

原文欣赏

jiàn sè ér qǐ yín xīn, bào zài qī nǚ; nì yuàn ér yòng àn jiàn, huò yán zǐ sūn.

见色而起淫心，报在妻女；匿怨而用暗箭，祸延子孙。

▷注释：色：美色，美貌的女子。匿怨：对人怀恨在心，而不表露。

▷译文：看到美貌的女子就生起歹心的，将来会报应在自己的妻子女儿身上；因怀怨在心而暗中害人的，会把祸端遗留给自己的子孙后代。

书法练习

见色而起淫心，报在妻女

匿怨而用暗箭，祸延子孙

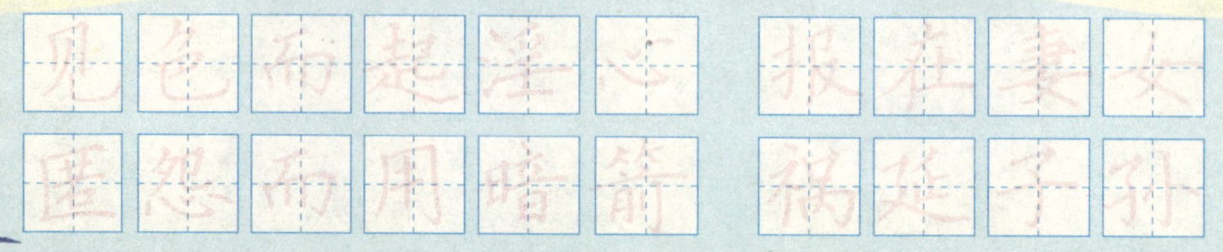

原文欣赏

jiā mén hé shùn suī yōng sūn bù

家门和顺，虽饔飧不

jì yì yǒu yú huān

济，亦有余欢。

▶注释：饔飧：指早饭和晚饭。不济：不很令人满意。

▶译文：全家上下只要和睦平安，纵使缺衣少食，家境略显清贫也觉得十分知足快乐。

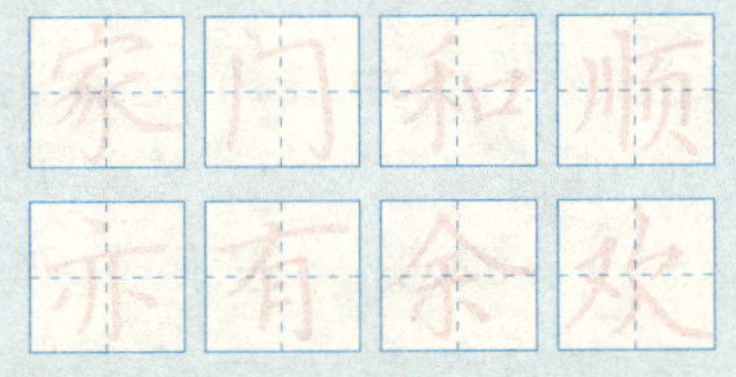

家门和顺，虽饔飧不济，
亦有余欢。

《道德经》

《道德经》，原称《老子》，又称《道德真经》、《五千言》，是中国古代先秦诸子百家前的一部著作，为当时诸子所共仰，传说是春秋时期的老子李耳所撰写，是道家哲学思想的重要来源。

道德经分上下两篇，原文上篇《德经》、下篇《道经》，不分章，后改为《道经》在前，《德经》在后，并分为81章。是中国历史上首部完整的哲学著作。

故事链接

做贼心虚

古时候有一家人丢了东西，几个有嫌疑的人都被带去见官，可谁都不承认偷了东西。

县官想出一个办法，让人将一口大钟抬到院里，然后对嫌疑者们说："这里有口大钟，它可不是一般的钟，它非常灵验，能帮助我测出谁是偷东西的贼。"县官命人把大钟用帷幕围了起来，然后把嫌疑者们带到钟前，对他们说："过一会儿，你们一个一个进到帷幕里去，每人用手去摸那口钟，没有偷东西的人，摸这钟就不会发出声音，偷了东西的人摸它，钟就会发出响声。"说完，就让嫌疑者轮流进去摸那口钟。出来的人都被带到县官面前检查手。

不一会儿，县官指着一个人对手下人命令道："把他抓起来！他就是小偷。"那个人一听瘫软在地上。在场的人都觉得很奇怪，大钟没有响，县官是怎样发现小偷的。县官笑着说："其实不难，我只是悄悄在大钟上涂了一层墨。当他们摸完后，我就挨个检查他们的手。没有偷东西的人的手一定都抹上了墨。只有那个小偷害怕摸钟时会发出响声，不敢去摸，手上没有墨，一下子就认出来了。"

这个故事告诉人们：做坏事的人，心里一定发虚，靠这一点就能很容易地识别出来。后人用"做贼心虚"形容干坏事的人表面沉静而内心却十分慌乱。

原文欣赏

guó kè zǎo wán， jí náng tuó wú yú， zì dé zhì lè。

国课早完，即囊橐无馀，自得至乐。

▷ 注释：国课：国家规定的赋税。囊橐：指口袋。

▷ 译文：国家的赋税要尽快交上，没有了思想负担，即使口袋里的粮食所剩无余，也能自得其乐。

国课早完，即囊橐无馀，
自得至乐。

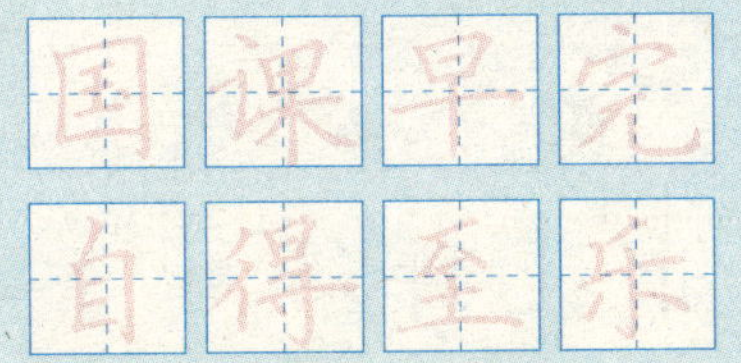

三纲五常

三纲五常是中国儒家伦理文化中的架构。

三纲、五常来源于西汉董仲舒的《春秋繁露》一书，但最早渊源于孔子。这种名教(名分与教化)观念是儒家政治思想的重要组成，即通过上定名分来教化天下，以维护社会的伦理纲常、政治制度。

原文欣赏

dú shū zhì zài shèng xián fēi tú kē
读书志在圣贤，非徒科
dì wèi guān xīn cún jūn guó qǐ
第；为官心存君国，岂
jì shēn jiā
计身家？

注释：徒：为了。科第：指做官。

译文：读圣贤书，目的在于效法圣贤的言行，做正人君子，而不是为了高官厚爵，贪图名利；做官，应当心存国家，体恤百姓，并仁爱君主，怎么能够计较个人得失，贪图为自家谋取利益呢？

书法练习

读书志在圣贤，非徒科第
为官心存君国，岂计身家

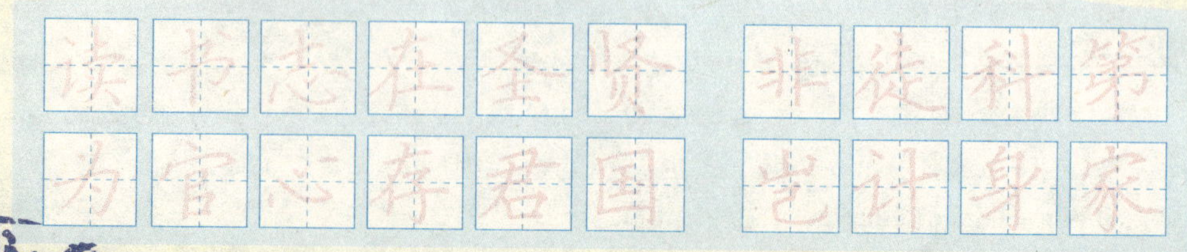

故事链接

不为五斗米折腰的陶渊明

陶渊明也叫陶潜，是我国最早的田园诗人。公元405年秋，他为了养家糊口，来到离家乡不远的彭泽当县令。这年冬天，郡太守派出一名督邮，到彭泽县来督察。这次派来的督邮，是个粗俗而又傲慢的人，他一到彭泽的驿站，就差县吏去叫县令来见他。陶渊明平时蔑视功名富贵，不肯趋炎附势，对这种假借上司名义发号施令的人很瞧不起，但也不得不去见一见，于是他立刻动身。不料县吏拦住陶渊明说："大人，参见督邮要穿官服，并且束上大带，不然有失体统，督邮要乘机大做文章，会对大人不利的！"这一下，陶渊明再也无法忍受下去。他长叹一声，说："我不能为五斗米向乡里小人折腰！"说罢，索性取出官印，把它封好，并且马上写了一封辞职信，随即离开了只当八十多天县令的彭泽县。

原文欣赏

shǒu fèn ān mìng，shùn shí tīng tiān；
守分安命，顺时听天；

wéi rén ruò cǐ，shù hū jìn yān。
为人若此，庶乎近焉。

注释：分：本分。庶乎：几乎。

译文：努力做到恒守本分，下应时势，上应天命。如果做人能够如此，那么就近乎于完美了。

书法练习

守分安命，顺时听天；
为人若此，庶乎近焉。

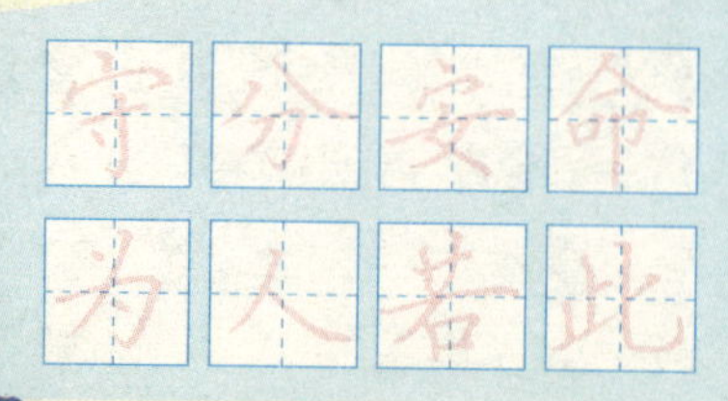

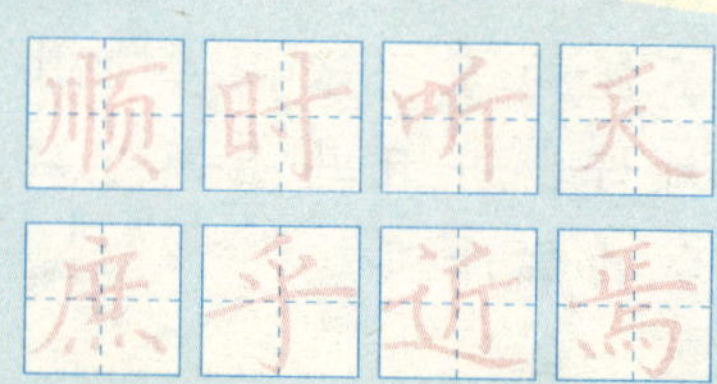

故事链接

司马光教子

司马光喜欢读书，也很爱护书。

有一次，儿子司马康在读书时，老是用指甲抓书页来翻书，司马光看后非常生气地对儿子说：“我们看书，是要从中获得知识的，你怎么能如此地不爱惜书呢？”

司马康被父亲说得面红耳赤，司马光又说：“就像做生意的人要多积蓄些本钱，我们读书人也应该像爱惜生命那样，好好地爱惜书籍。读书前，要把书桌擦干净；读书时，要坐端正；翻书时，要先用右手拇指的侧面把书页的边缘托起，然后再用食指轻轻盖住要翻开的那页。”

在司马光的教导下，儿子慢慢变得爱护书了。

国学书法讲堂

书法赏析要点

中国书法是中国特有的美术门类，它集中地体现了中国传统的美学思想，是中国人伟大灵魂和绝异才智留下的艺术作品。对于书法作品的欣赏，每个人都有自己的看法和感受。但我认为只有掌握了一定的书法知识，以及具有较高鉴赏能力的人才能更好地享受书法带给我们的乐趣。书法领域博大精深，如何做才能有效掌握专业知识，提高鉴赏能力呢？下面我就精要概括式地讲述有关书法方面的知识，以及如何快速提高书法赏析能力的要点。这些是我多年来学书法、赏书法的一些见解、感悟和总结，希望能给广大读者朋友以抛砖引玉的作用，当然由于本人水平有限，必有偏颇不足之处，恳望指教。

1. 对书法艺术的历史要有所了解和认识。

探究书法的产生，必须追溯汉字的起源，只有在汉字的演进过程中，我们才能找出书法的产生、发展和渐趋成熟的轨迹。汉字是记录汉语的书面符号系统。汉字最初叫做“文”，“文”是“纹”的本字，就是花纹的意思。汉字是向表音化和简化的方向发展的，汉字发展的规律从表意阶段逐渐向表音阶段发展，形声字成为汉字的主流。随着人们对文字使用的频繁和普遍，汉字笔画的简化以及字形定型化，淘汰异体字是汉字发展的趋势。我国文字从产生到发展大致经历了从甲骨文到金文到篆文到隶书到楷书到草书到行书的书写形体的演变过程。另外，汉字基本具备以下几个特点：

（1）汉字是以表意为主的文字。

（2）汉字兼表音节，是形、音、义的统一体。

（3）字和词不完全统一。

（4）同音不同义、同义不同形的汉字大量存在。汉字可分为象形、指事、会意、形声、转注、假借。

赏析要点

文字的起源是多元的，从结绳说、刻契说、八卦说等多种说法中，我们只能看到文字早期形成的痕迹，并不能看到一种系统的代表文字的符号。直到从距今六千多年前的西安半坡、临潼姜寨等仰韶文化遗址中发现的彩陶器上刻有的符号，我们才看到了原始文字的雏形。汉字是从图画和刻画符号演变来的，最初阶段人们用书写工具直接描绘事物的形象或其象征性的符号。

早在仰韶文化，人们就能熟练地绘制出布局复杂、运笔流畅的图案。后经过一个漫长的在与夏并行的先商文化的发展阶段，形成了文字。到了商代与西周时期，文字已具有用笔、结体和章法（布局）这三个书法艺术的基本要素，书法已初步形成。我们可以把以甲骨文为代表的商代文字看做是现代汉字的直系先祖，也是书法艺术史的开端。而西周的金文和石鼓文则从另一侧面反映了汉字日渐成熟。到了春秋战国时期，开始有了“仓颉造字”的说法，文字更进一步从应用性走向艺术性。这一时期有大量完整的墨迹被发现，存字较多，它们被书写在玉石、竹木简牍、缯帛等材料上。汉字书法与文字的变革紧密联系，随着文字的产生和发展，书法也形成了自己多样的风格，从稚拙阶段逐渐成长。接下来的秦汉时期是中国文字变迁最为剧烈的时期，大篆经过省改而创造了小篆，隶书发展成熟，草书发展成章草，是行书和楷书的萌芽期。这时，人们已经把书法视为“艺事”，涌现出一批名载诸史的书法家。中国书法作为一门艺术就是在这一时期被确立起来的。魏晋南北朝是中国古代书法发展的重要阶段，各种书体均已出现，对书法风格的创造已成自觉追求，为隋唐书法进一步取得成就奠定了坚实的基础。当时，皇室、官府、士大夫直至民间文书、尺牍迅猛发展，帝王、文士酷好书法并珍藏收集，使书法的实用功能与审美价值交相辉映。当时书法名家辈出，书法名作渐增。同时，有关的艺术论述和品评相继涌现，并探及书法本体的核心，真实地记录下时代的审美倾向和理论特点，书法已呈现出前所未有的辉煌。隋唐时期，书法家们在继承六朝书法特点的基础上进行了创新，开启了唐代楷书和狂草的新篇章。五代和宋代的文人促进了书法的发展，印刷术的发达使书法家从单纯的功能性书写活动中解放出来，书法艺术特性被进一步强调。尤其是五代时期的杨凝式的书法，实现了由唐至宋元的重要转折，为宋朝“尚意”书风的崛起作了铺垫。宋元时代的书法是行草的时代。宋代书法家在行草方面表现出鲜明的文人个性和品质，开一代新风。书法家王羲之和王献之，特别是颜真卿，他们对宋代书法家的影响很深。同时，宋人对金石学的重视和研究也把书法和篆刻艺术推向了另一个高度。宋代书法的两个特点是：一、突破唐人重法的束缚，以自己为主，以意代法，努力追求能表现自我的意志情趣，形成“尚意”的书法；二、有意将书法同其他文学艺术形式结合起来，如文学和绘画、篆刻等。元朝统治者一统天下后，十分重视汉民族文化，于是书法得到继续发展，但在元代初期，受宋人“尚意”书风的影响，很少遵循晋唐古法。到了元代中晚期开始涌现以赵孟頫、邓文原、鲜于枢等一大批书法家。他们主张书法应以复古为创新，挽救时弊，继承传统书道，再辟新途。明代书法继承宋、元帖学书法而蓬勃发展，呈现出集晋、唐宋、元书法之大成的鼎盛局面。明代初期书法以“三宋”“二沈”为代表，当时颇为流行“台阁体”。明代中期兴起了讲求畅神适意、追求形式美、注重抒发个人情怀的吴门派书风，以“吴门三家”为代表。明代中晚期，书法家陈献章与徐渭的行草书风也别具一格。明代晚期没有出现占据书坛主流地位的书风，而是不同的书法风貌竞相争艳，并立书坛。到了清代，初期仍延续明代帖学余绪，但面貌截然不同，涌现了王铎、傅山、八大山人等书法家，他们以个性鲜明、直抒胸臆、豪放朴拙的行草书风征服了一代文人。不过，明前期的“台阁体”渐渐被演化为“馆阁体”并盛行开来。当时，大多数文人将康熙喜爱的书法家董其昌奉为典范，代表书家有“康熙四大家”（笪重光、姜宸英、何焯、汪士宏）。另外，清初已有书法家致力于汉碑，试图以汉隶的遒健朴厚纠正帖学书法的圆媚靡弱，并也因此出现了一些隶书名家。清代中期，帖学及馆阁体书法仍然盛行。由于乾隆嗜好书法，特别喜爱赵孟頫的书法，所以朝野士人也由尚董转为崇赵，出现了以刘墉、王文治、梁同书、翁方纲四大家为代表的帖学名家。同时，还出现了一些擅长绘画的书家，以扬州八怪为代表。清代中晚期，士大夫为逃避文禁罗网而究心小学，金石考据盛极一时，而帖学日趋衰微，碑学风气大开，代表书家是邓石如和伊秉绶。他们将碑学的结体和笔意融入行草书体之中，创造出雄强的北碑书风，确立了碑学书法的典范。书论家的理论又有力地推广了碑学书法，最终形成了碑学繁盛的局面。近代书法的发展进程，受社会政治、经济、文化变革的综合作用，以及自身演变规律的要求，在尊碑与崇帖的升沉、开拓与回归的互动，实用与审美的分合中标识了不同以往的发展轨迹，呈现出了多方面的变化特点，诸如书法社团（著名的社团有西泠印社、标准草书社、北京大学书法研究会和中国书学会等）的兴起、书法展览，把书法引入教学、开设书法课或开立书法绘画美术学校、培训机构等。再加之书法进入市场流通领域，催生大批职业书家。同时，随着中外文化的交流，中国书法对日本书法及西方绘画的发展产生了不同程度的影响。随着出版业的发展，出版发行了大量的名碑秘帖及书法专业图书和刊物，这些都促进了近代书法的发展。

2．对书法的基本要素要有所了解。

一般说来，书法必须具备四个基本要素：用笔、结构、章法、墨法。

（1）用笔要注意笔法、笔力、笔势、笔意这四个方面。笔法要讲究起收、提按、顺逆、中侧、转折、顿挫、徐急、藏露、展收、方圆等的综合把握能力，让其比较不同执、行笔的优劣。执笔要以意念带肩，肩带肘，腕竖掌平，五指齐力，力注笔尖，这样写出的线条才能达到有力而不浮滑。书写笔画要藏头护尾，逆入平出，中锋用笔等，这样笔画才能达到匀实遒劲而不妄生圭角，避免诸如“柴担”“蜂腰”“鹤膝”等病笔。笔力是指书法运笔的力量，它对书法作品的好坏起了非常重要的作用。总之，所写笔画要苍润，有立体感，悉心揣摩，同时也要着重在笔意的变化上狠下功夫。

（2）结构又称结字、结体或间架。书法的结构往往就文字的结构规律和作者的审美情趣做合适的艺术安排。这些艺术规律有疏密、虚实、欹侧、匀称、和谐、聚散、呼应等。唐代大书法家孙过庭在其《书谱》中这样论述：“至于初学分布，但求平正；既知平正，务追险绝；既能险绝，复归平正”。他把书法结构中的“平正”和“险绝”的辩证关系论述得很精辟，说明了学书者由浅而深、由简单模仿到运用自如的客观过程。书写时，把字的结构搭配得四平八稳，字的重心自然不歪不斜，这种办法叫做“平正”。还有一种方法，那就是把结构搭配得更灵活、更巧妙，有正有欹，有轻有重，有展有缩，从动态中求稳妥，从变化中求平正，同样不失重心，这种写法叫做“险正”或“似欹反正”，能使字写得更具有情趣与活力，达到理想的艺术效果。

（3）章法包括了形制、正文、行款、钤印。

章法布局即绘画上所称的“经营位置”。一幅作品书写的字数有多有少，所反映的情绪和格调也不尽相同。通过篇幅中字的大小、疏密、敛放等的处理，使其既能更好地反映出书者的思想感情，又具有高度变化统一的形式美感，把两者和谐有机地结合起来这就是章法布局的重要性。

（4）用墨的方法有：浓墨、淡墨、干墨、渴墨、湿墨、枯墨、涨墨等。

毛笔是用狼毫等兽毛制成，具备“尖、圆、齐、健”的特点，书写得法，能产生刚健、遒婉、秀逸、凝重、流利的非常生动的表现。书法作品多采用墨汁书写，色泽鲜亮而又沉着，干湿浓淡的丰富变化又会产生生动的墨韵，使书法线条的表现更加传神。用墨要浓而不滞，清而不弱，水墨相渗，达到墨分五色的生动表现。总之好的书法作品都灌注了作者的“精、气、神”，体现出气韵生动的高超的艺术境界。

3. 我们要以中国传统美学的标准来衡量欣赏书法作品，首先应把握书法美特点的几个方面：

（1）气韵生动。中国传统艺术尤其是书法艺术的最高的境界是气韵生动，要达到气韵生动的表现，就必须要“骨法用笔”，也就是说要写出有弹性、有力度的线条。原始社会先民们在陶器上刻画的符号，是文字的雏形，符号的线条具备了书法的意味，天真朴拙。商周时代的甲骨文绝大多数都是以刀代笔刻画出来的作品，线条以方直线为主，劲挺明快。金文拓本书法线条遒劲朴厚，结体天真烂漫。先秦的书作虽然力能扛鼎，但都系工具刻画而成，线条还缺乏生动的表现等，不同时代的作品都具有与其时代特点相符的气韵特点。

（2）形和意的合一。可以说每个单独的汉字都是古人创造出的写意造型艺术作品。例如“鸣”是由“鸟”和“口”合在一起造成的，鸟儿张开嘴发出美妙的叫声。书法家在书写这个字时，就会感受到写意绘画的美感享受，这种把绘画和写字的造型感受结合起来就是完整的形意结合的书法感受。

（3）点线面的结构美。汉字是以点线来造型的，线与线之间所界定的就是面。点线面构成的书法结构美是书法形式美的重要方面。书法的结构美类似于建筑美感。唐代的欧阳询在《结字三十六法》提出了楷书字形的类别特征应为书写平正的原则，如“避就”(避密就疏)，“相让”(合体字的相互搭配)，“朝揖”(偏旁与主体的关系)等。但是书法的结体原则是规范不了书法的实践，书法家们在创作中，有法而又无法，展示了千姿百态的书法的结构美。

（4）笔墨交融的线型美。书法是以线来造型的，而线本身抽象出来即具备了丰富的审美因素。线的提按顿挫、粗细徐疾、干湿浓淡、迂曲刚柔，体现了音乐的广阔的表现领域，其节奏、旋律把人引进了如痴如醉的优美的意境。如“点”如“高山之坠石”,“一”如“千里之云阵”。书法家们只有在写字时心存意象，作品才能彰显表情丰富、笔墨生动的线条美。

（5）虚实相生的章法美。章法是我们从整体上对书法作品的印象与效果。它包括了书法作品的正文与落款、分行与布白、落款与印章等多方面的关系处理。在此，我们不仅要从书法的基本要素入手，分析局部的每个字的结构与变化，还要看书家对整个作品的把握，正如我们欣赏一部精彩的大片，要看它是否有引人的开头，曲折的情节，富有张力的高潮，结尾处理得是否合理圆满。一幅好的书法作品一般开篇布局合理，中间行文给人以情感稳重充盈之感，接下来的后半程笔墨自由驰骋、变化多端，然后是由落款、钤印组成的完善结尾。这种起、承、转、合式的结构美，体现了中国传统美学太极图式的一般法则。太极图就是首尾闭合的大的S线型，S线是充盈着生命韵律的最完美曲线。它的线型表现就是章法的实地美，而线包围的空白表现就是章法的虚地美。虚实相映、刚柔相济便造成了书法章法的变化万千、美不胜收的艺术效果。

（6）诗书并茂的文采美。对书写文字内容的把握，使我们对书法作品的欣赏更为全面完整，大书法家都是具有高度诗文修养的文人学者。如王羲之的《兰亭序》既有“天下第一行书”的美誉，又是古代散文的经典作品，读字赏文真是美不胜收。

4. 马克思说：“如果你要得到艺术享受，你本身就必须是一个有艺术修养的人。”所以我们要尽可能多地去探究书法艺术的真谛，要对历代书法名家和其作品有所了解和认识，诸如钟繇、皇象、陆机、王羲之、王献之、崔浩、卢玄、欧阳询、虞世南、褚遂良、颜真卿、柳公权、张旭、怀素、杨凝式、李煜、徐铉、米芾、李建中、苏轼、黄庭坚、蔡襄、赵佶、张即之、赵孟頫、鲜于枢、邓文原、董其昌、傅山等书法名家，他们有的在朝廷为官，有的出家为僧，有的是一介布衣，有的甚至是当朝皇帝。无论他们身份贵贱若何，有一点是一致的，那就是他们都挥毫自若，墨宝生辉，他们用自己独特的书法魅力征服了一代代人。走近他们，用心研读他们的作品，对提高我们的书法鉴赏力是非常重要的。另外，书法欣赏是综合能力的体现，它与自身修养和气质有关，大量阅读相关书籍，注意增强自身的综合素质，这些都能有效地帮助我们提高对书法作品的鉴赏力。

5. 要想真正地欣赏和领悟书法的精髓，最好亲身实践，动笔临帖，体验手握毛笔，提笔书写过程中每个环节的要领及乐趣。同时，建议大家找来历代书法大家的作品仔细研摩，静静品味其绝妙之处。只有这样，看得多，融会得多，研究得深，眼界才能提高得快，才能找到提高欣赏书法作品的方法和规律。

戴瑞刚，书画指导老师，北京职业书画家。其作品常被国家领导人及国内外友人收藏，并在许多国家级的大展中获奖并被收藏，编册成籍。